AF587786

CRYSTAL GRID

Paul Kuimet

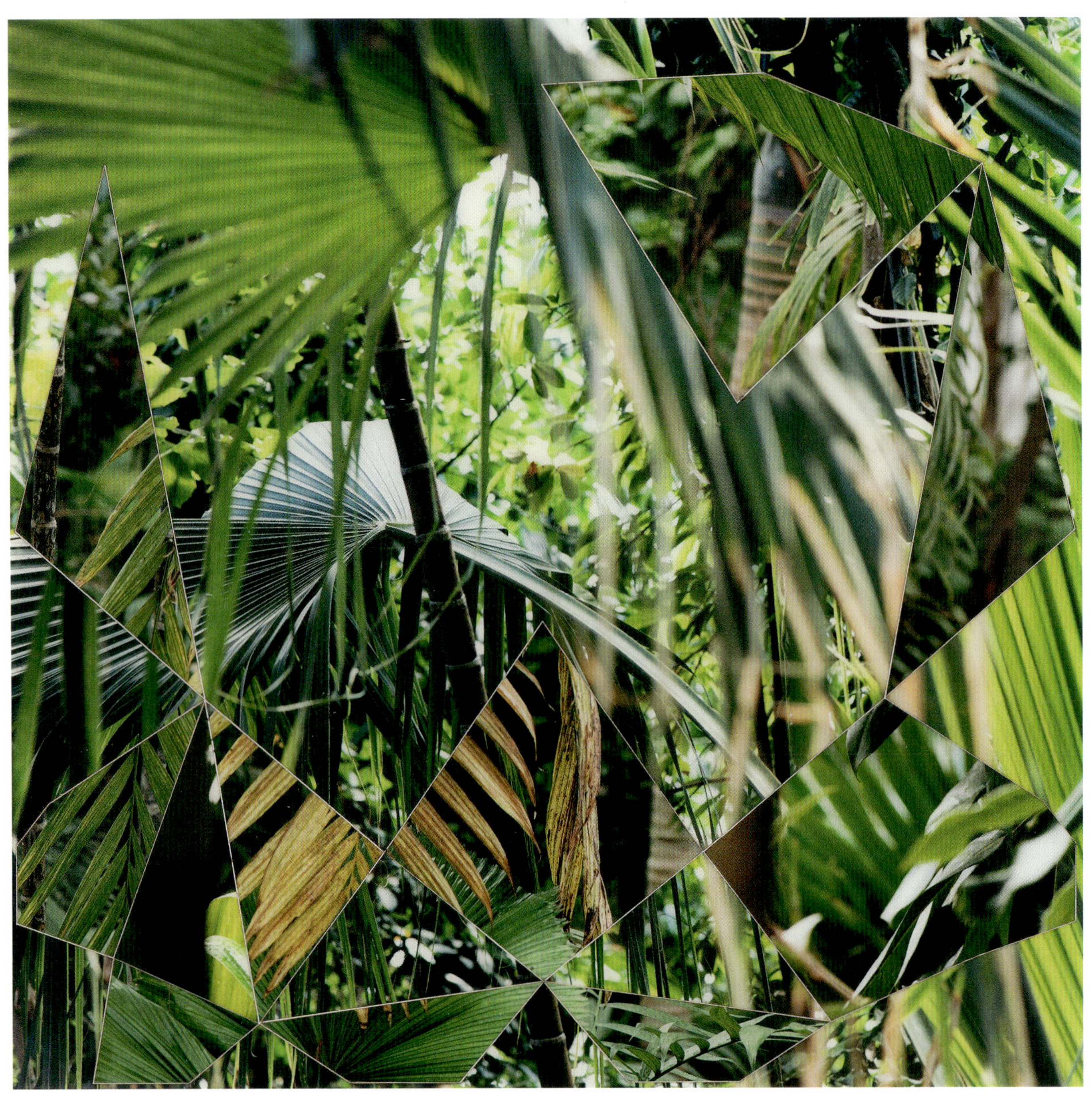

14 (Meise-Ghent-Bronx)

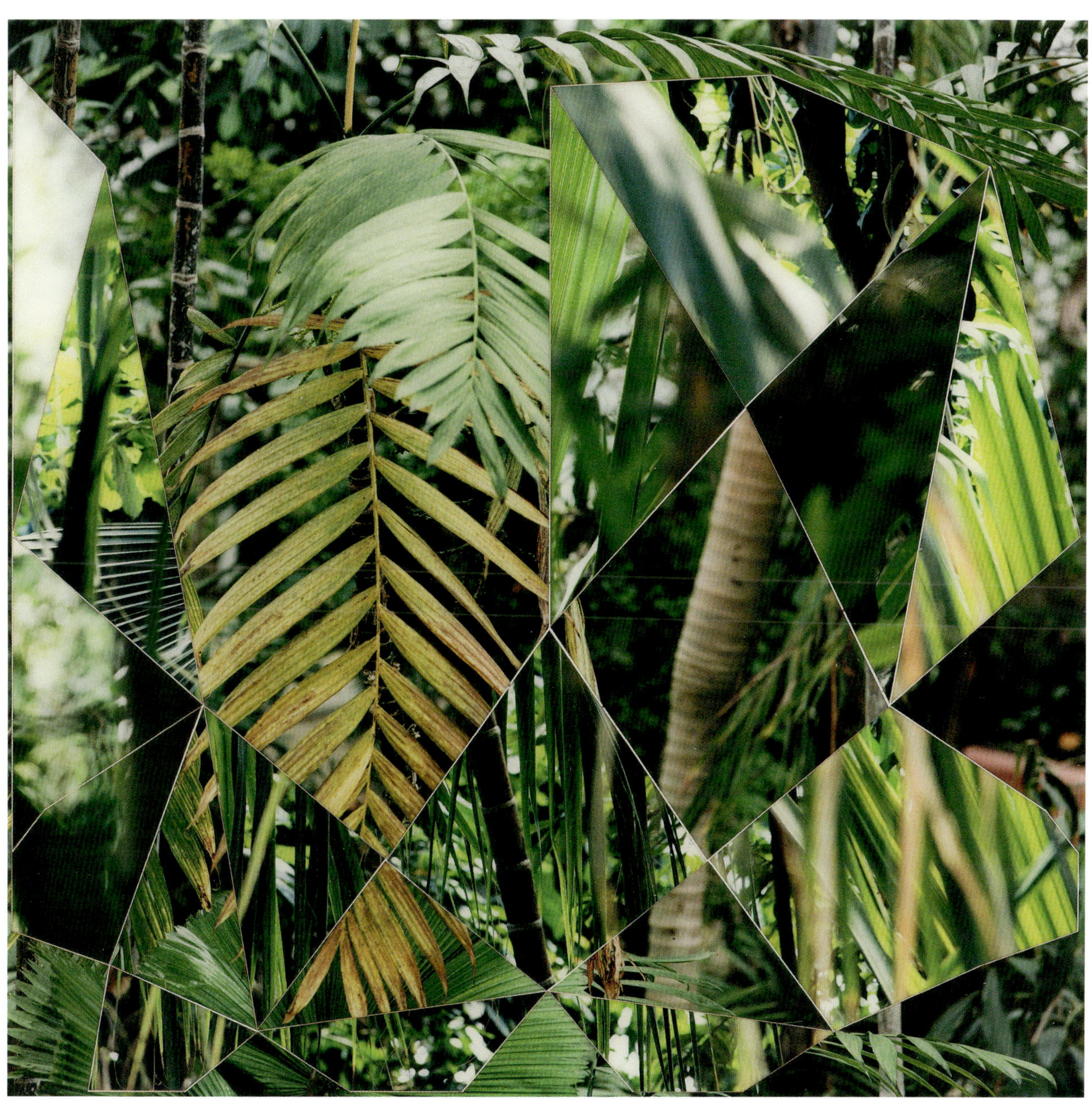

13 (Meise-Ghent-Bronx)

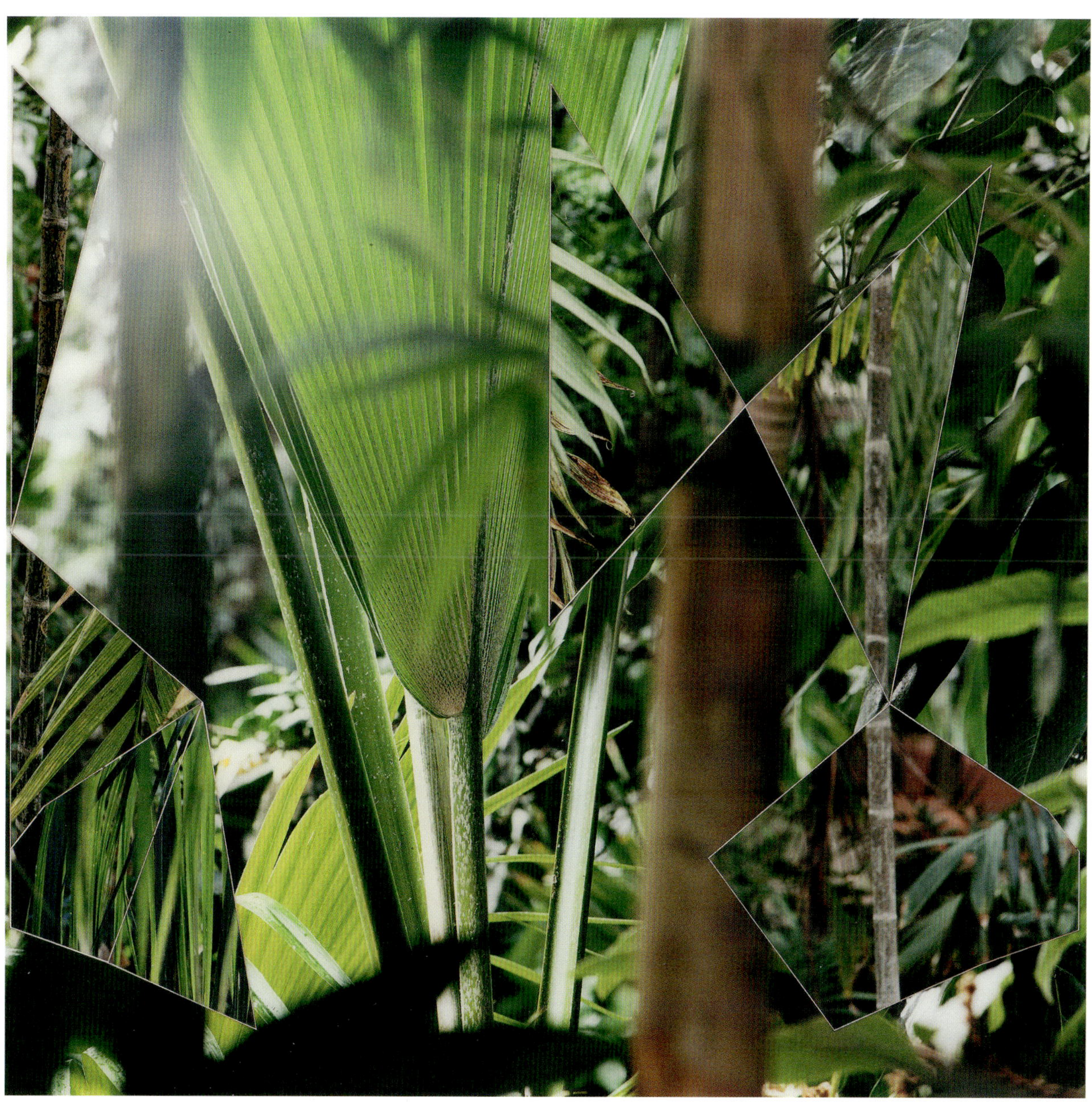

15 (Meise-Ghent-Bronx)

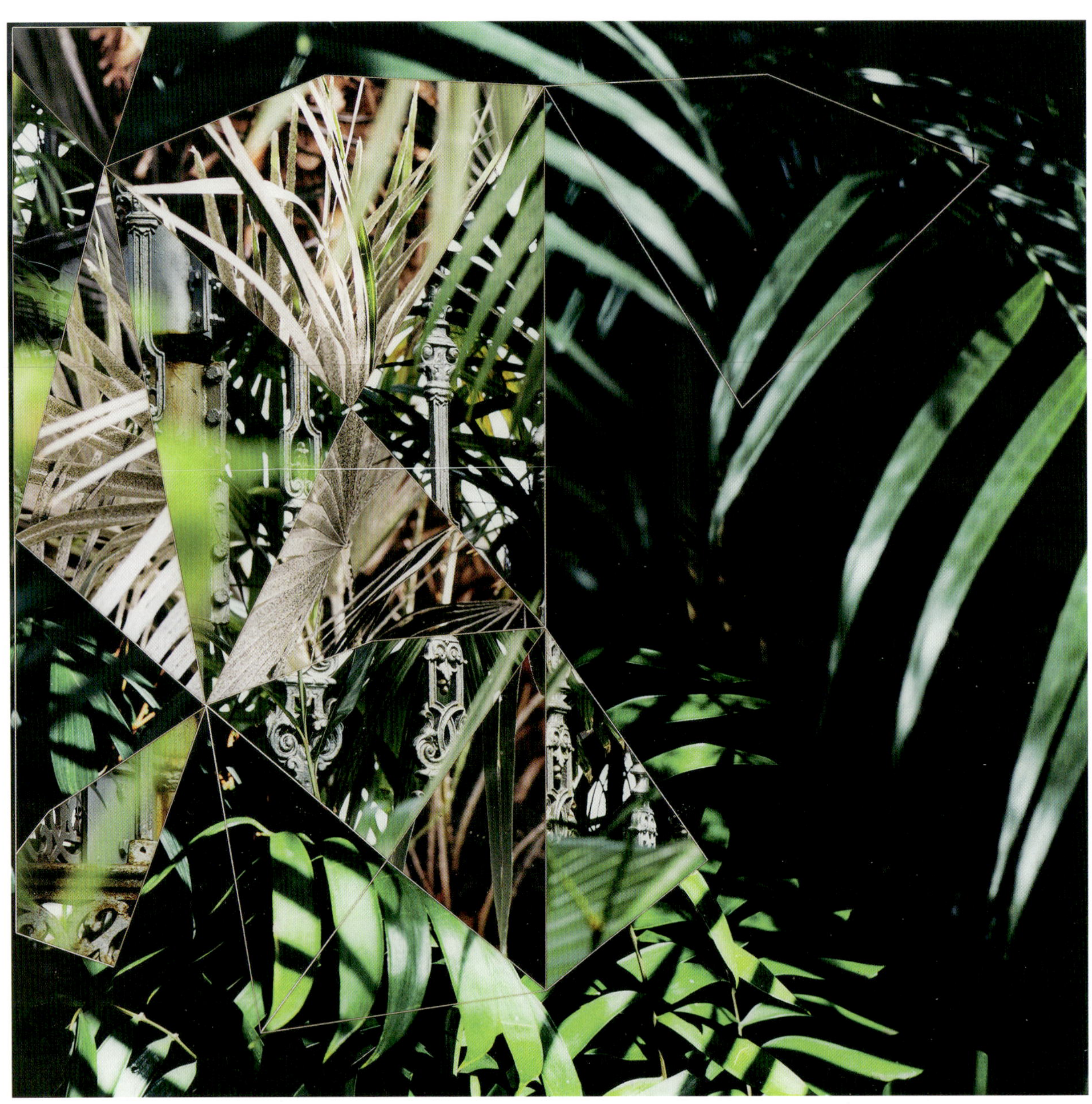

5 (Tallinn-Bronx-Glasgow)

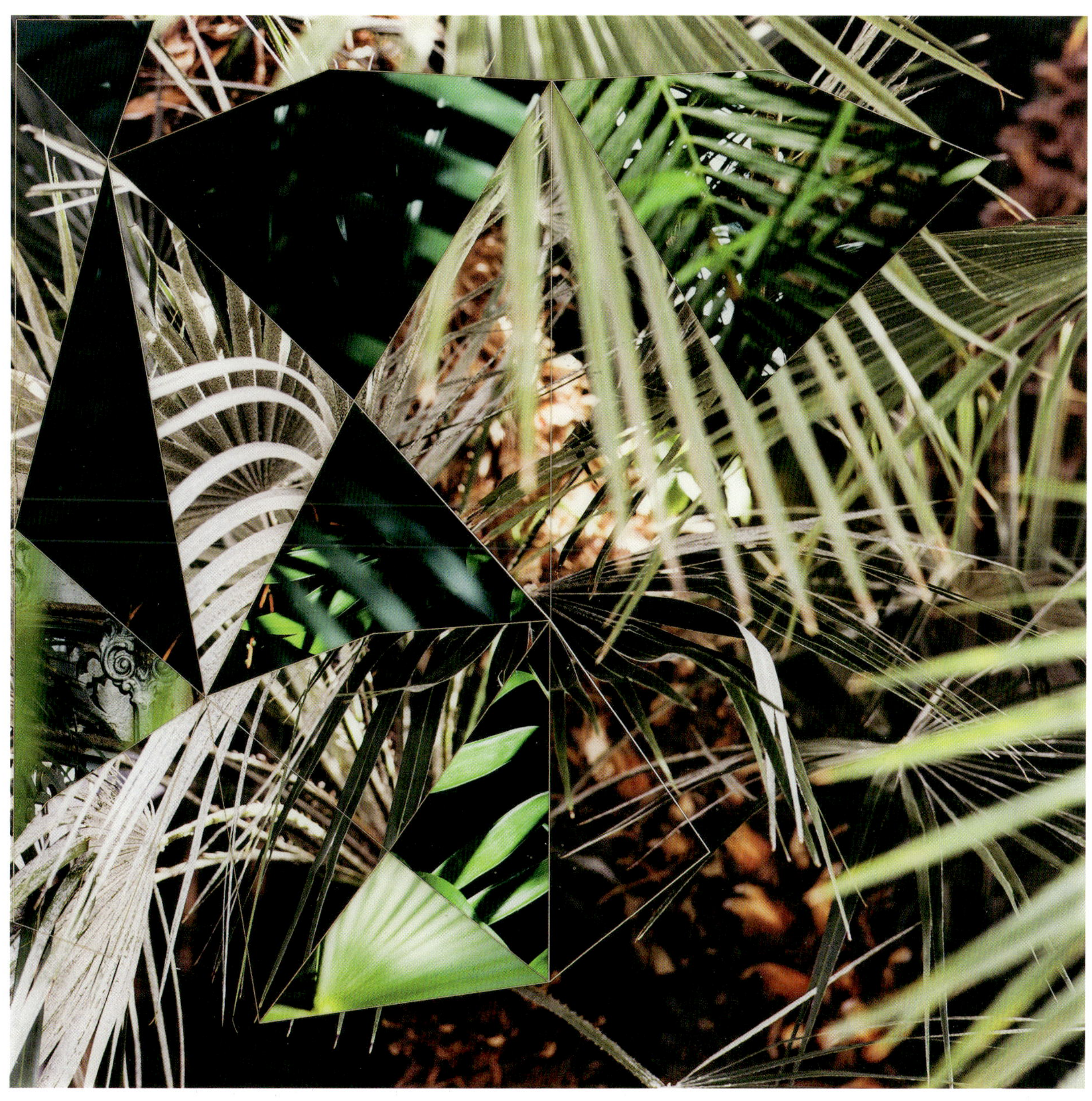

4 (Tallinn-Bronx-Glasgow)

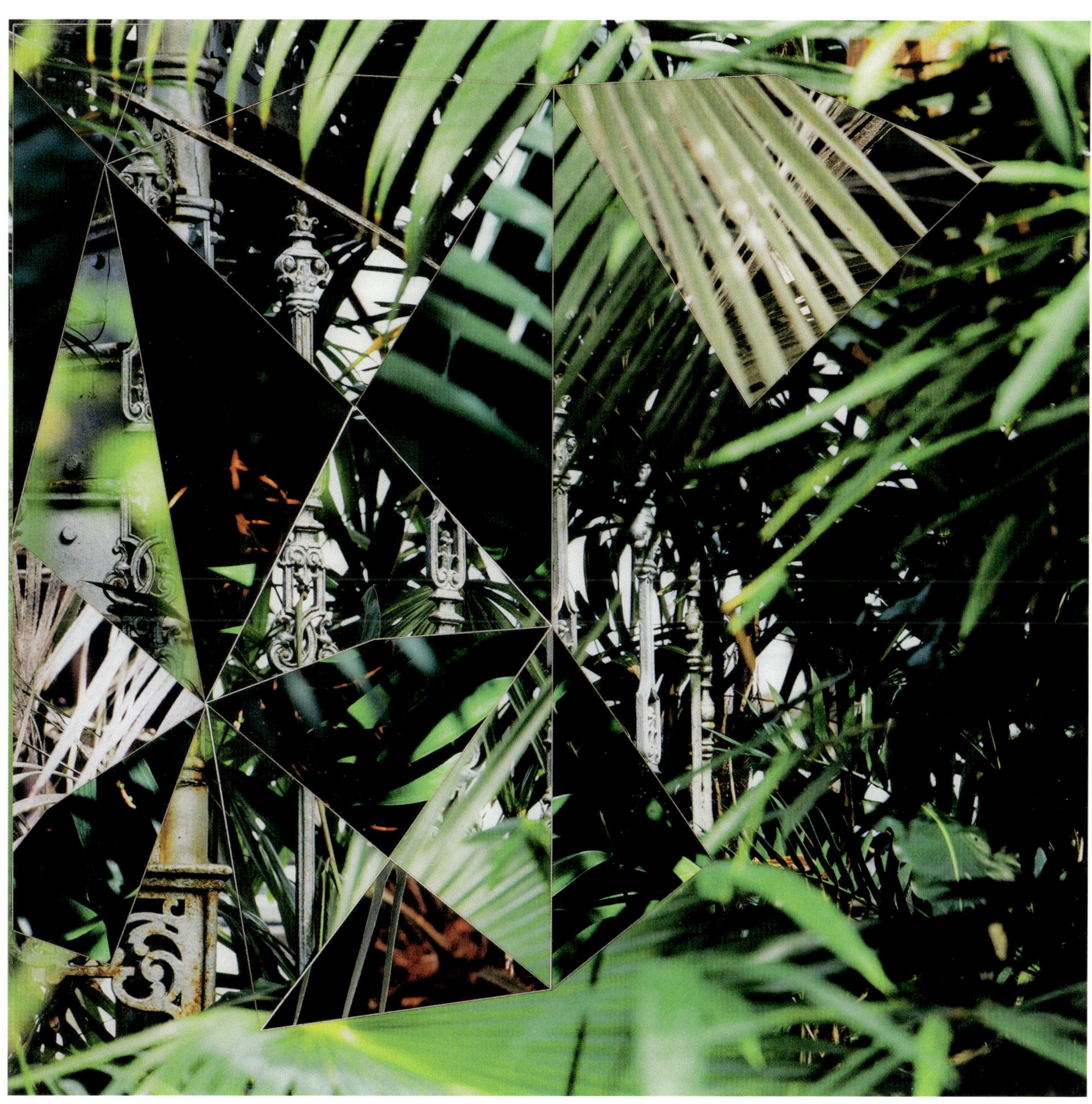

6 (Tallinn-Bronx-Glasgow)

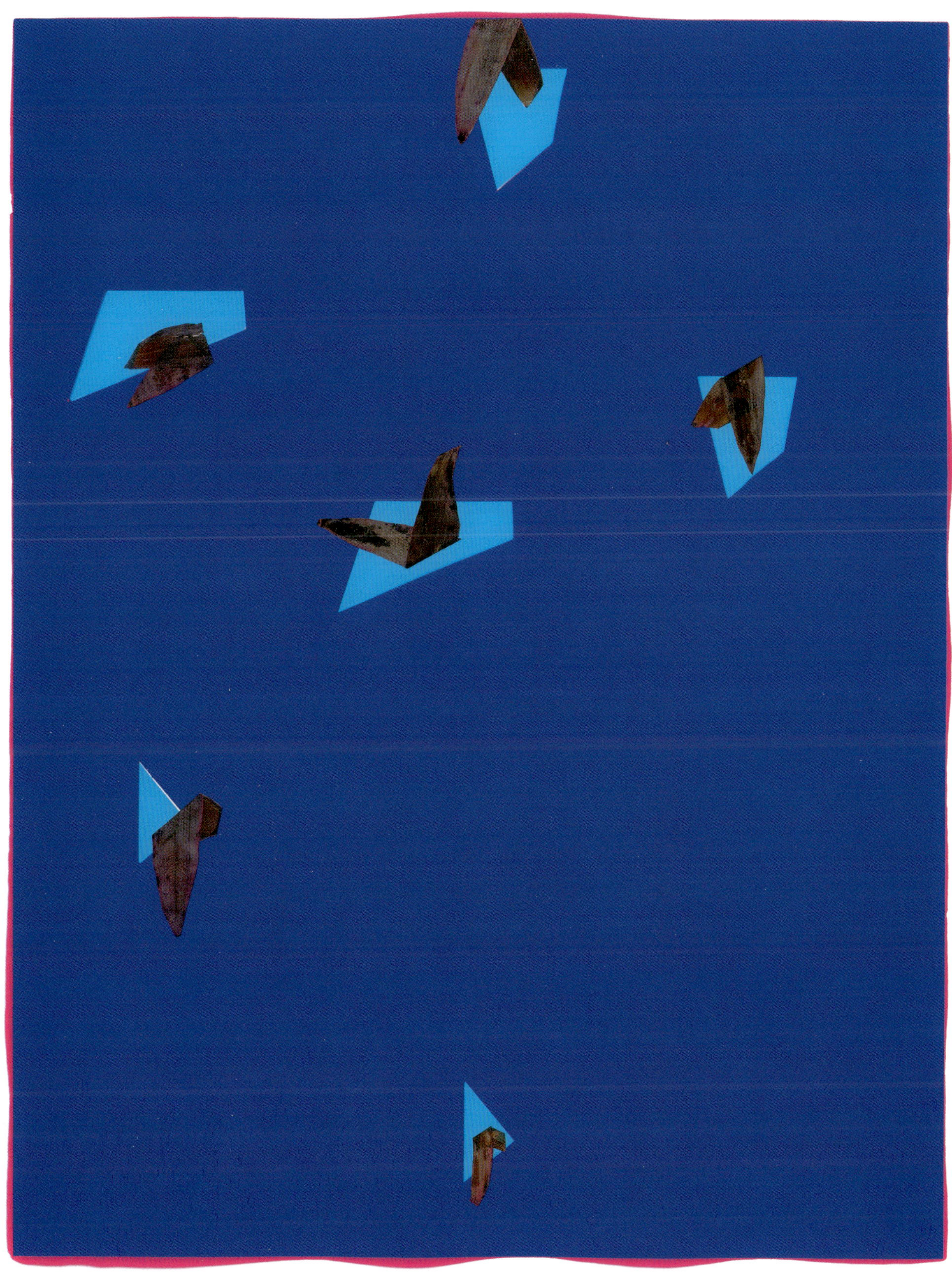

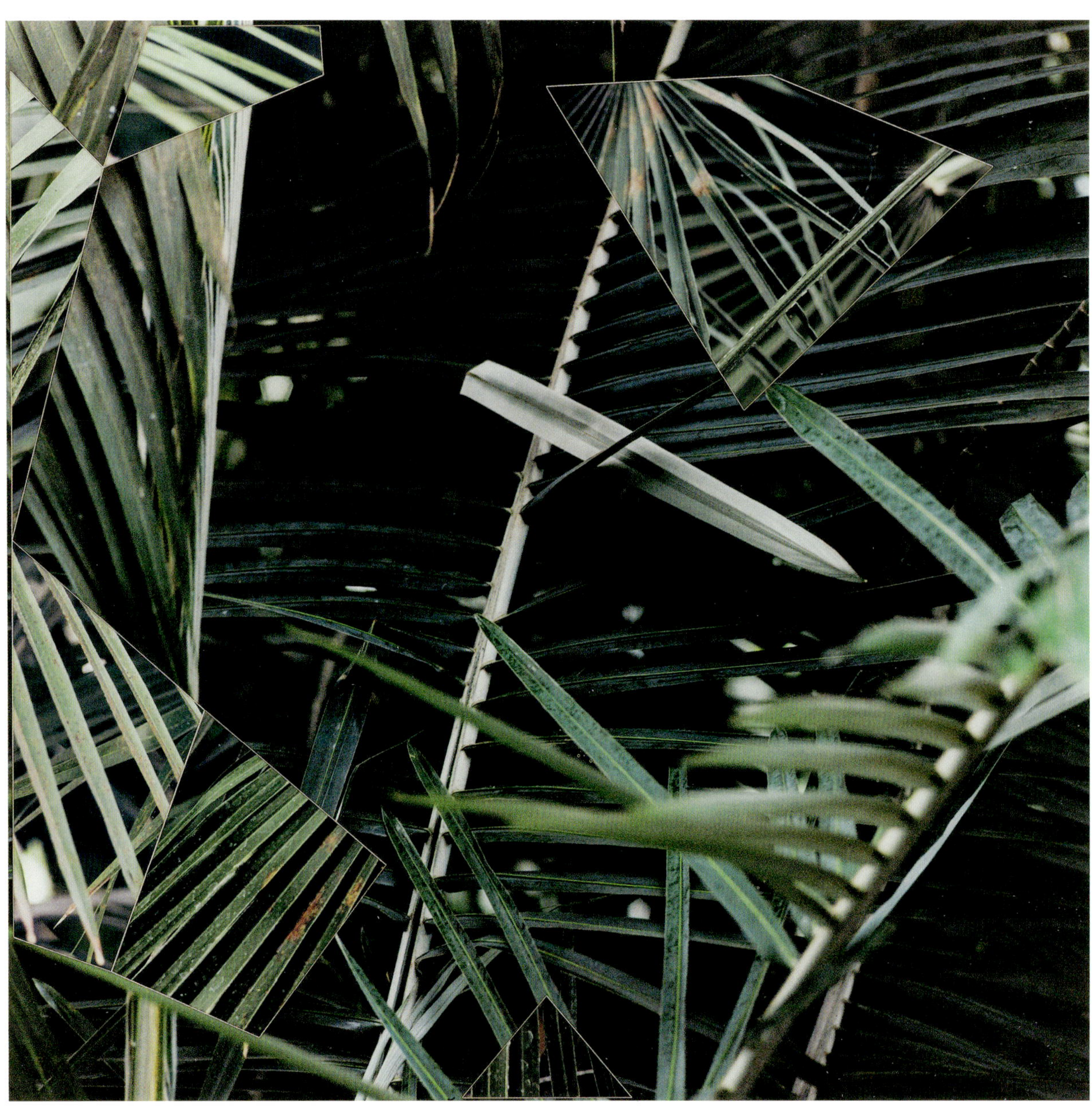

7 (Bronx-Frankfurt am Main-Tallinn)

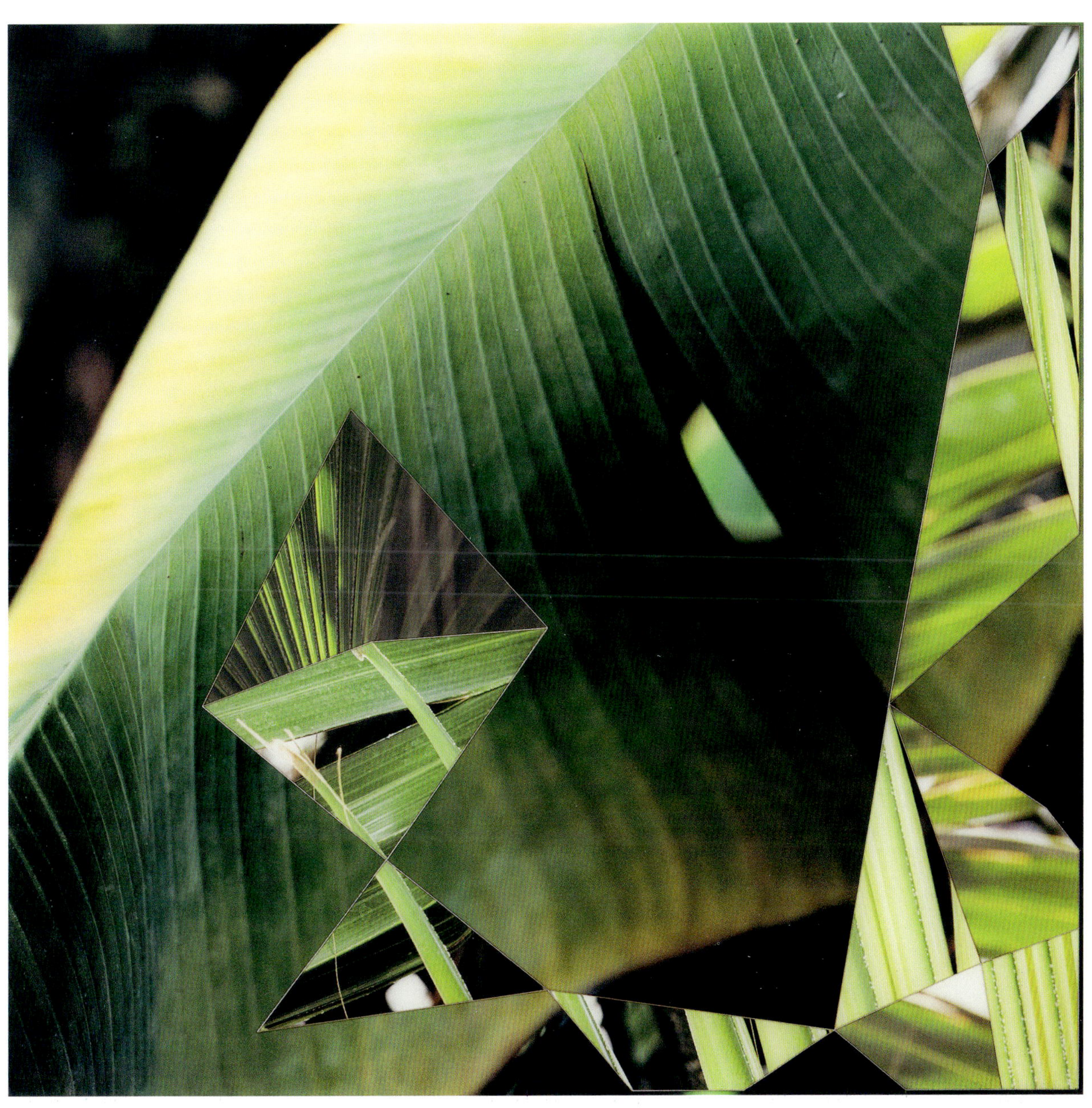

10 (Brooklyn-Tallinn-Meise)

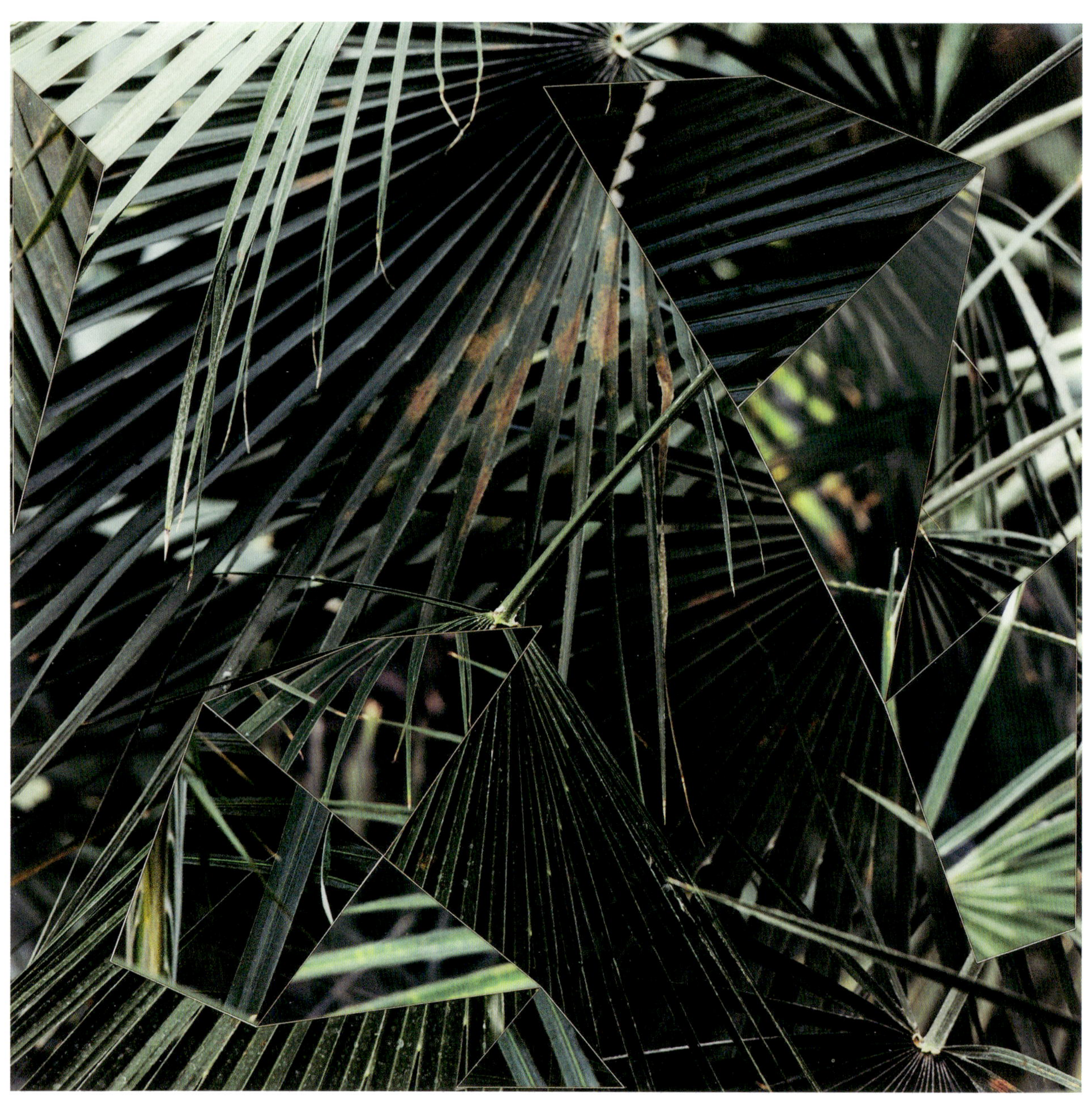

8 (Bronx-Frankfurt am Main-Tallinn)

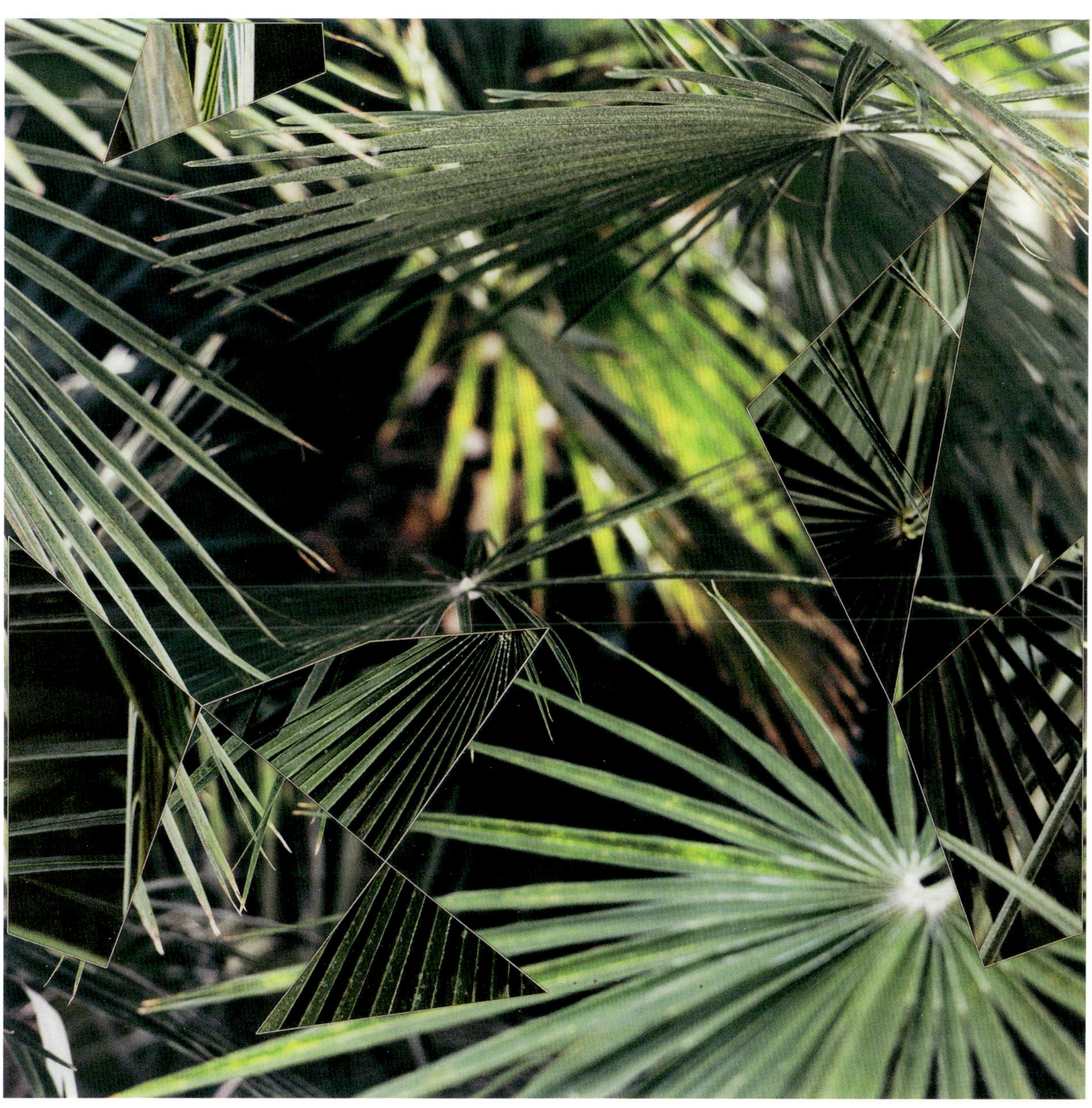

9 (Bronx-Frankfurt am Main-Tallinn)

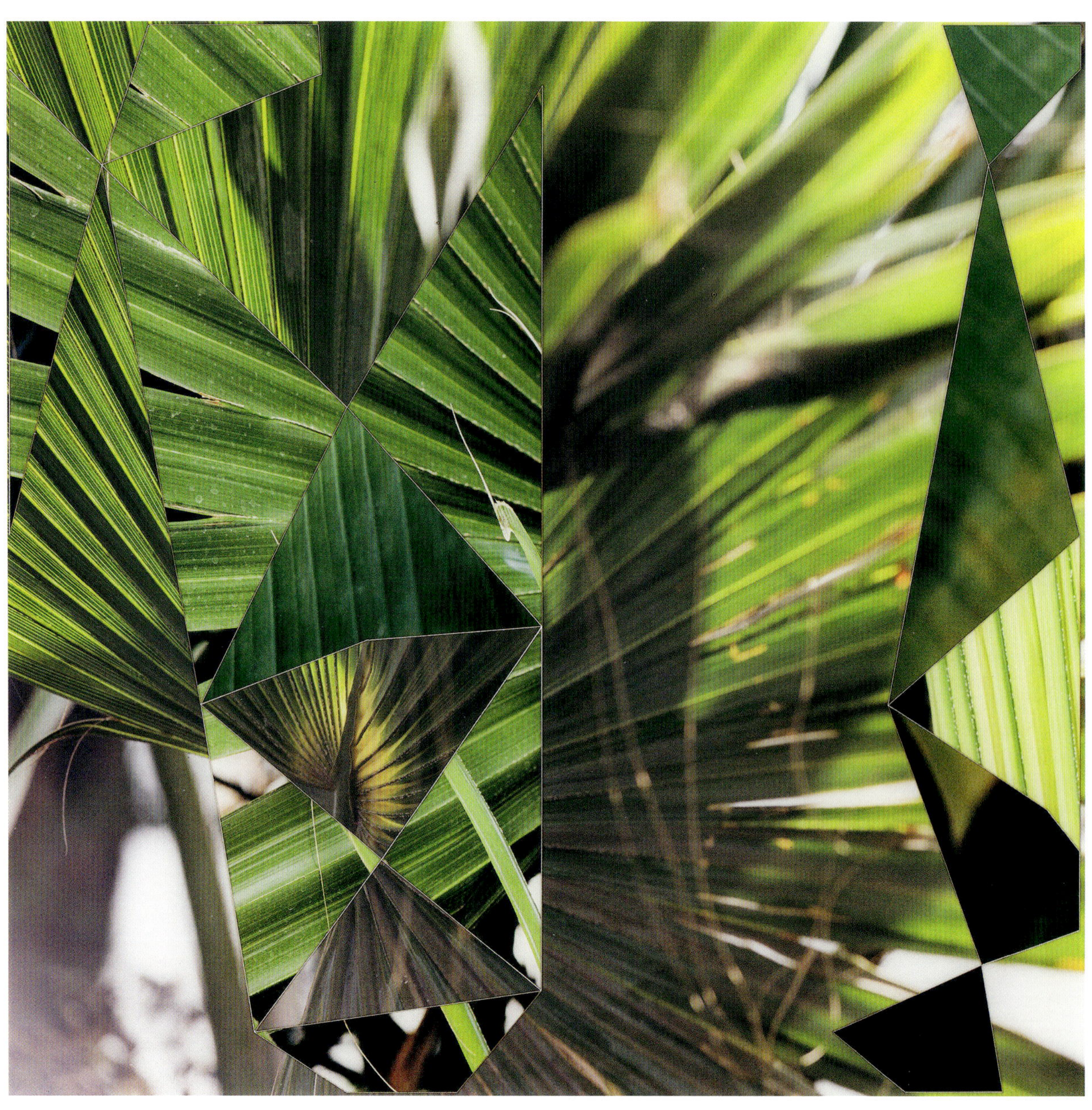

12 (Brooklyn-Tallinn-Meise)

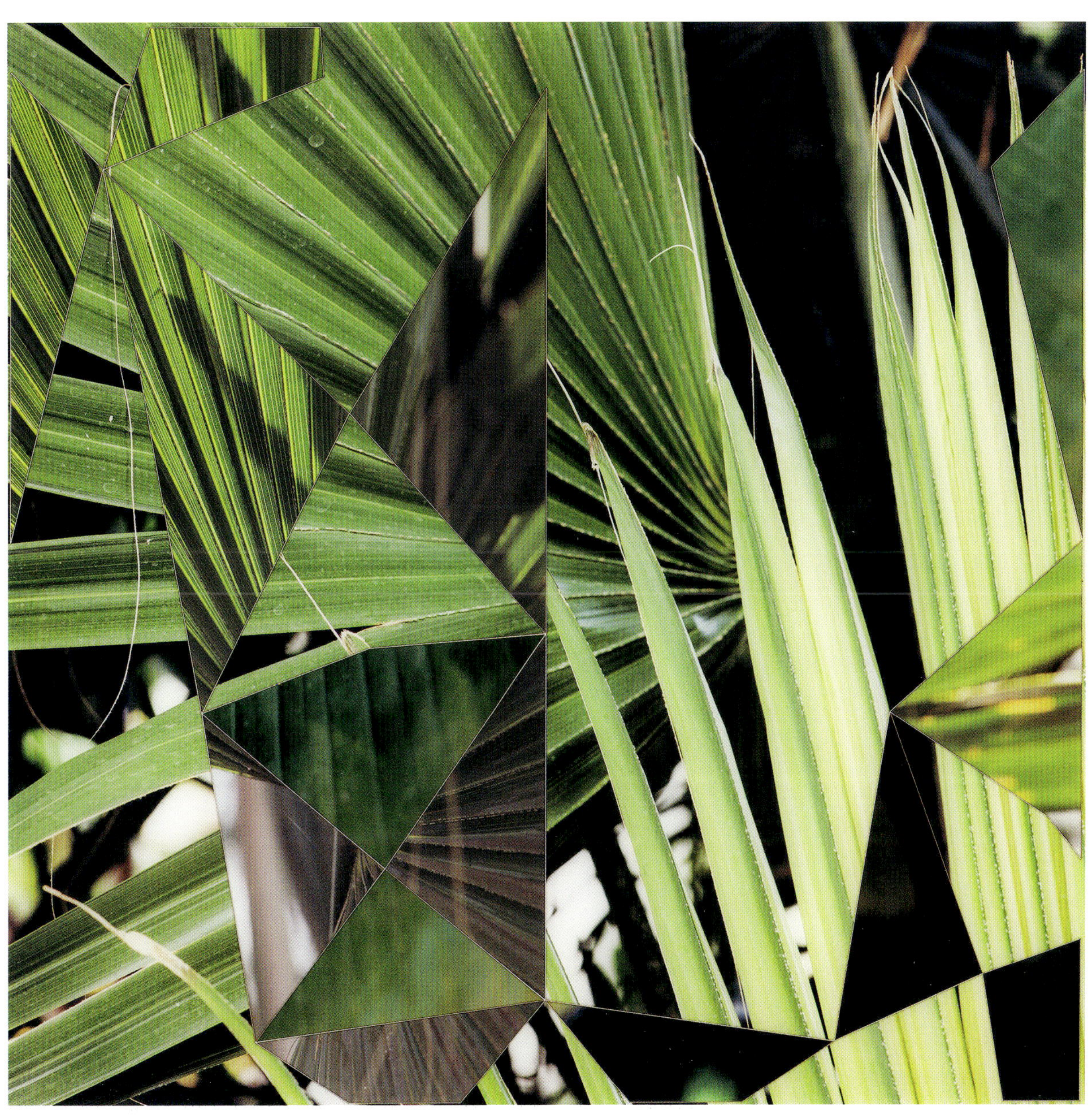

11 (Brooklyn-Tallinn-Meise)

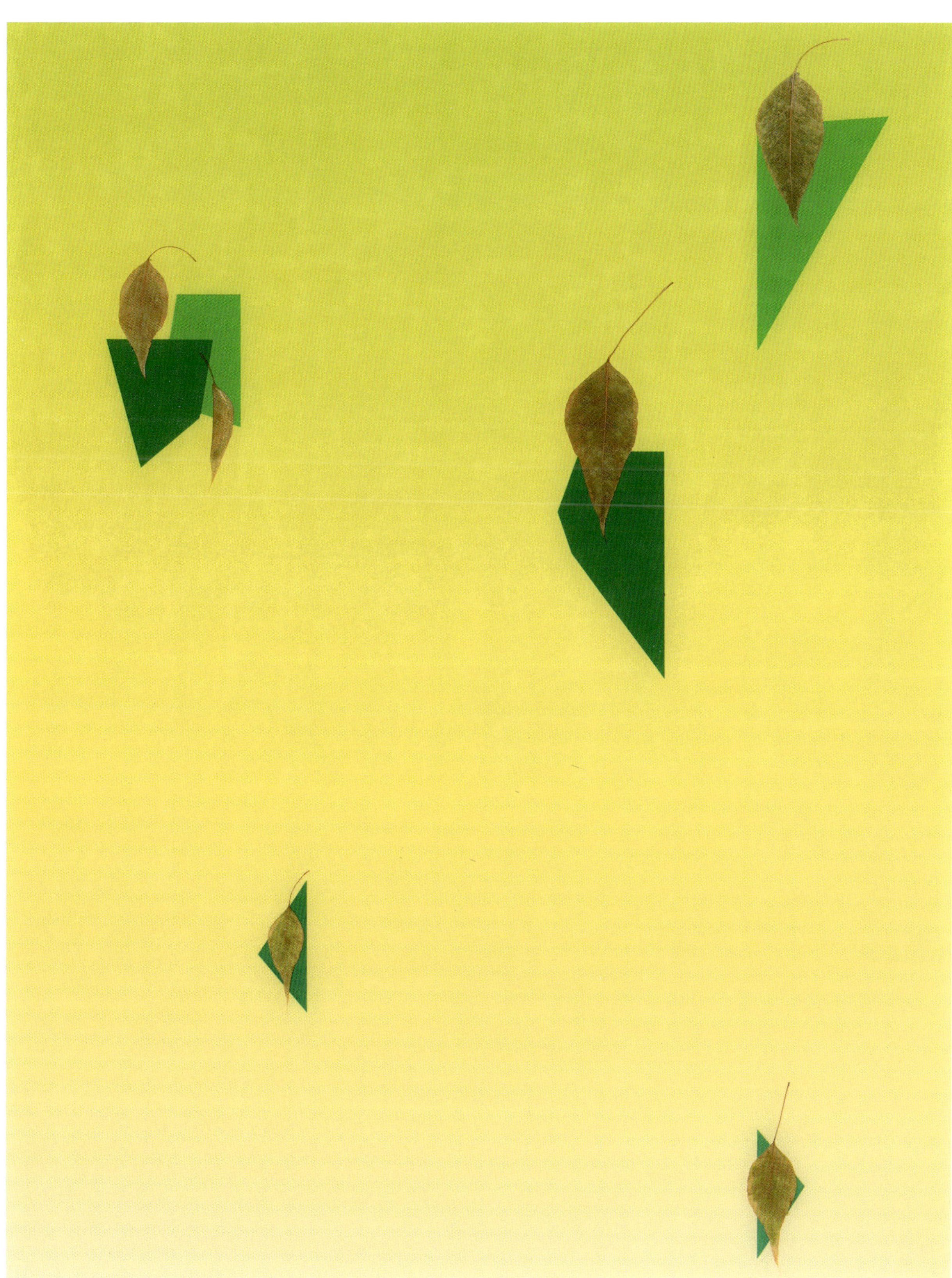

(7)

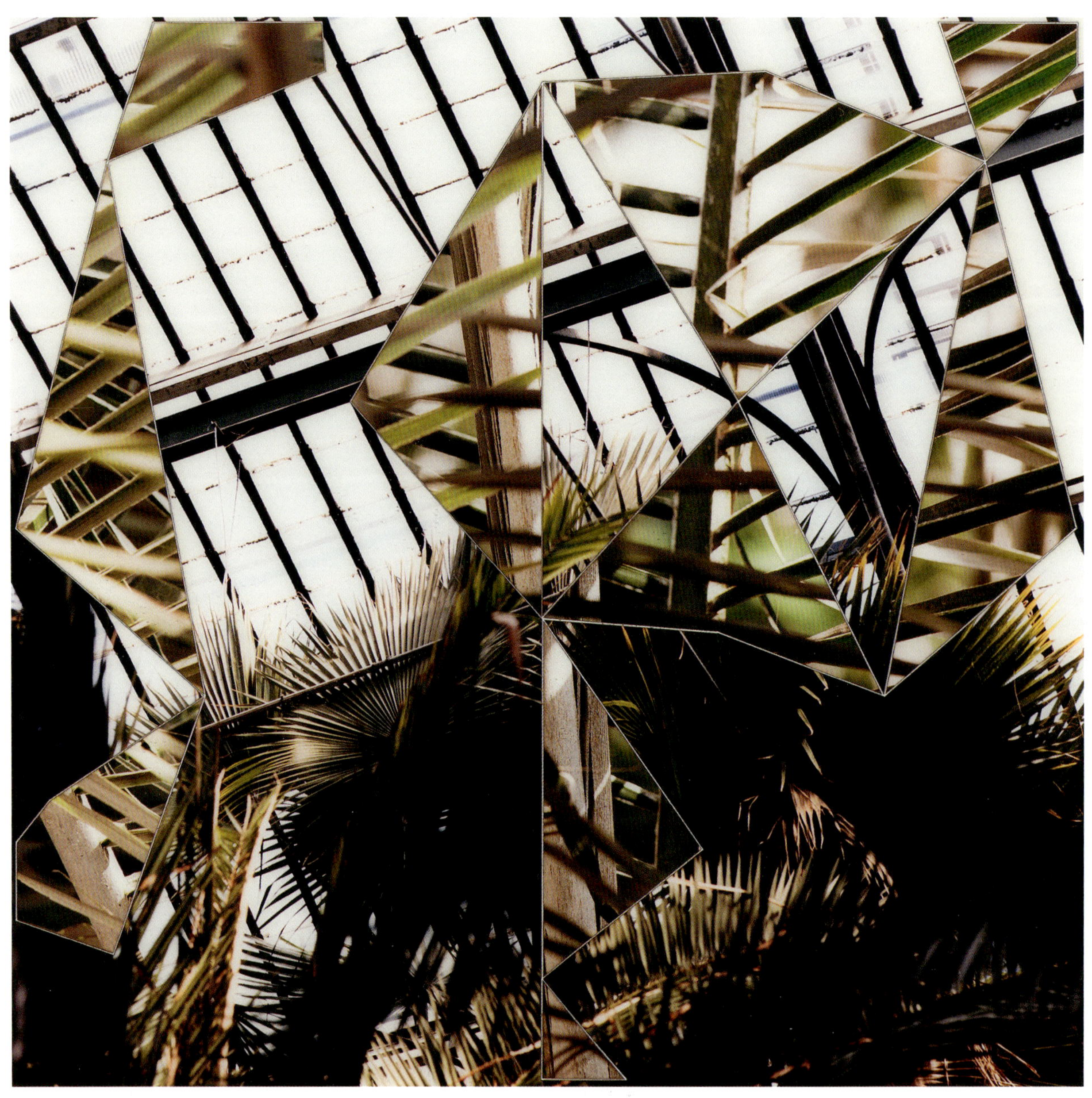

16 (Frankfurt am Main-Meise)

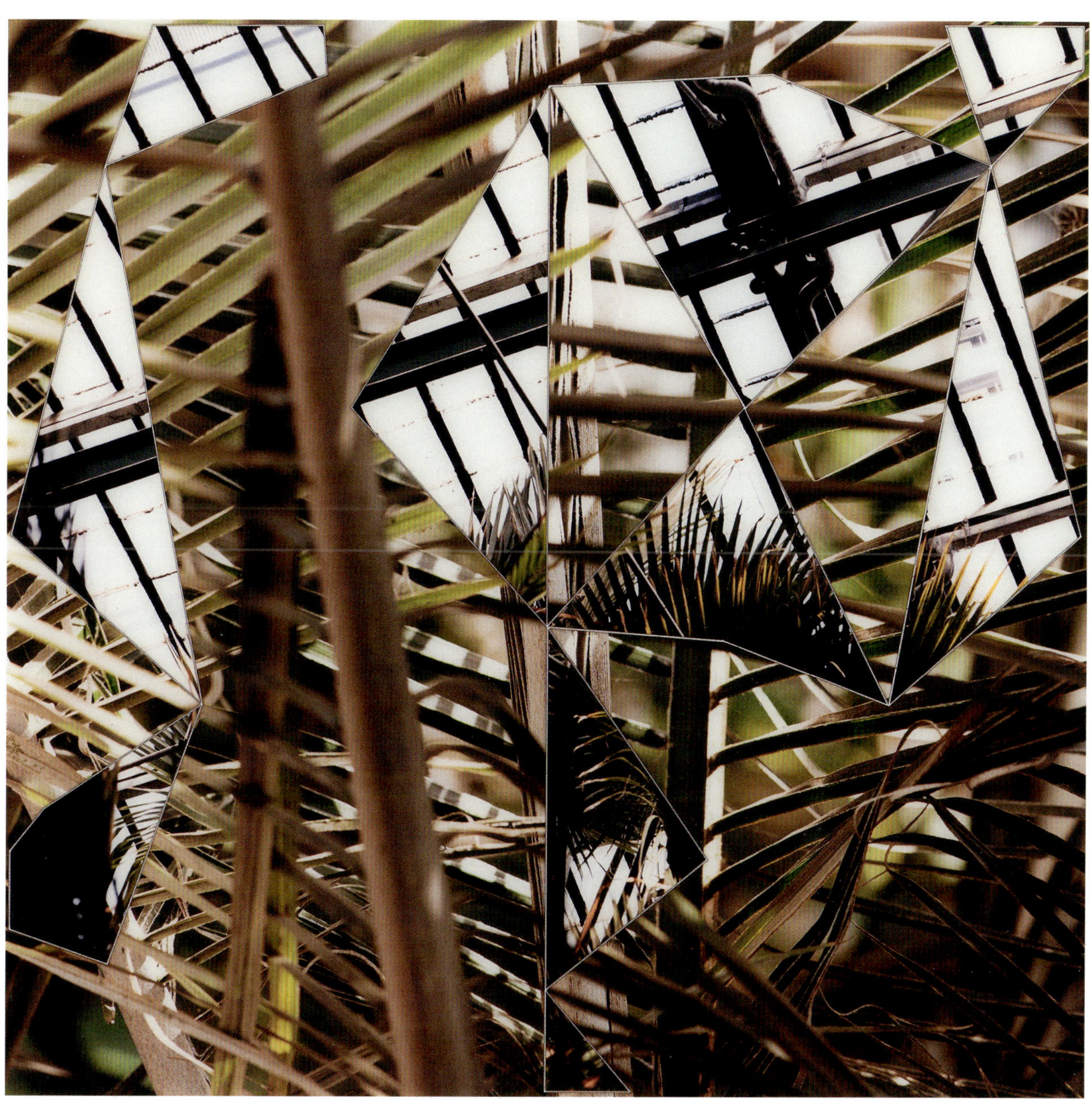

17 (Frankfurt am Main-Meise)

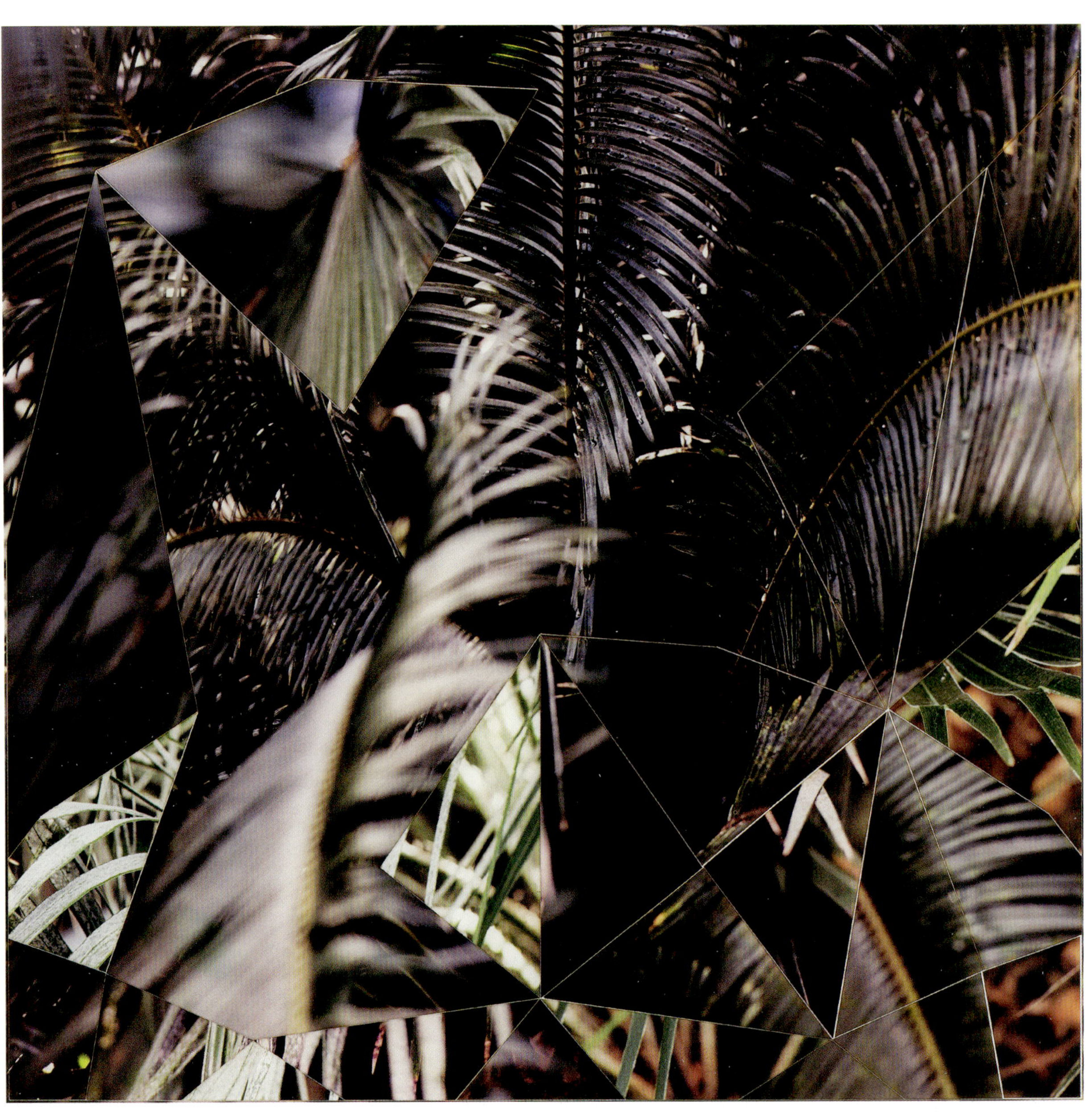

1 (Bronx-Frankfurt am Main-Tallinn)

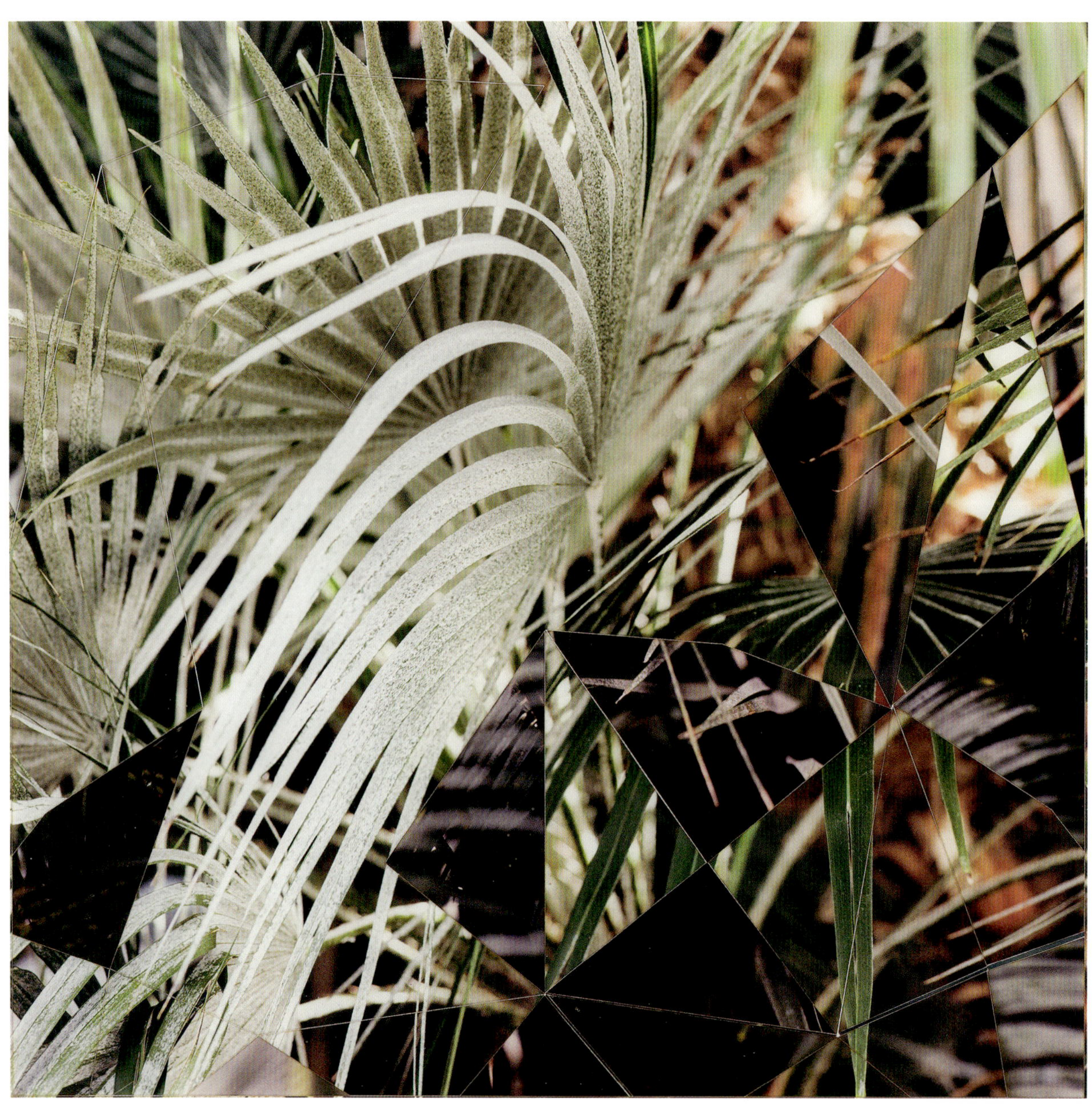

3 (Bronx-Frankfurt am Main-Tallinn)

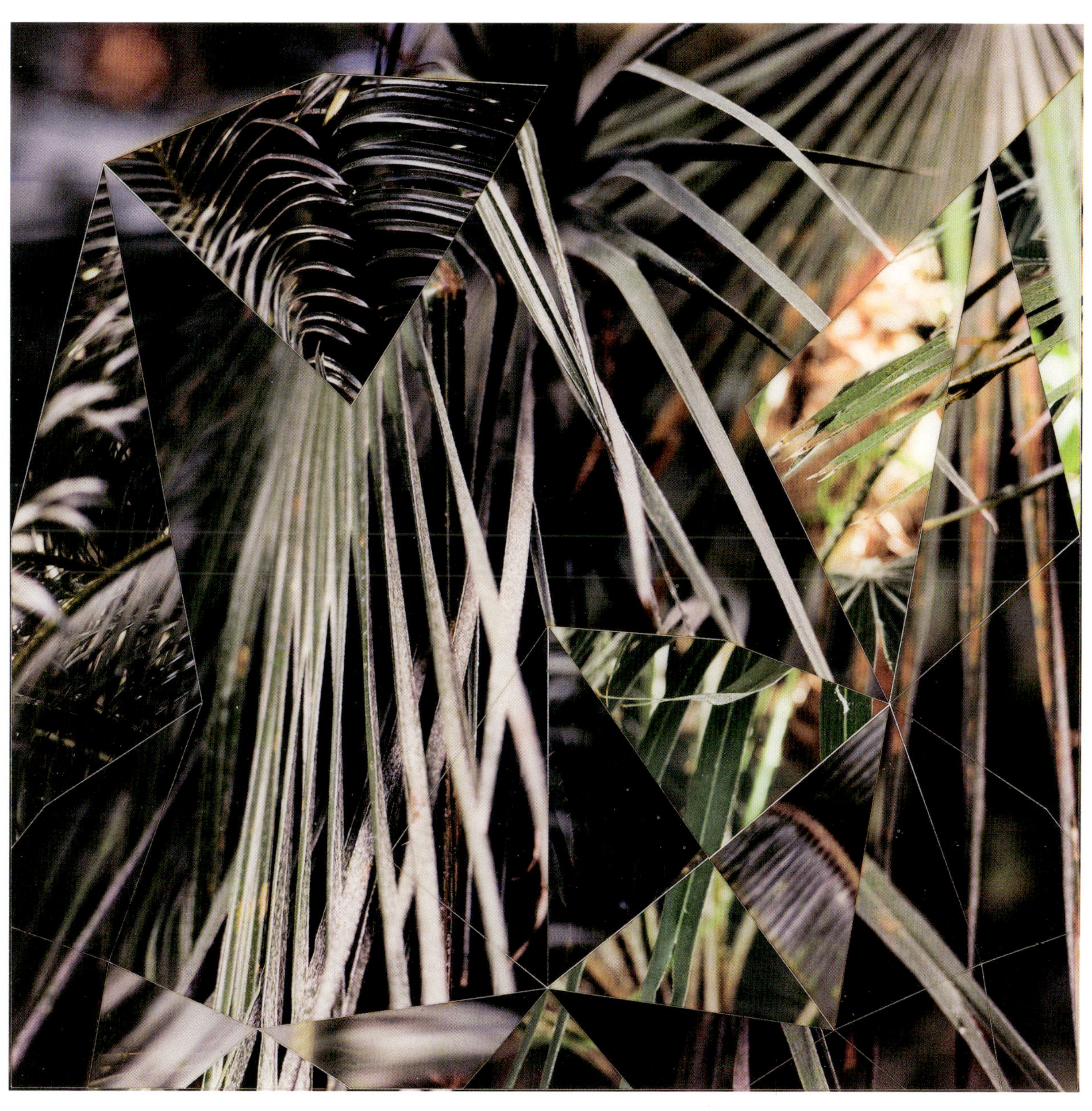

2 (Bronx-Frankfurt am Main-Tallinn)

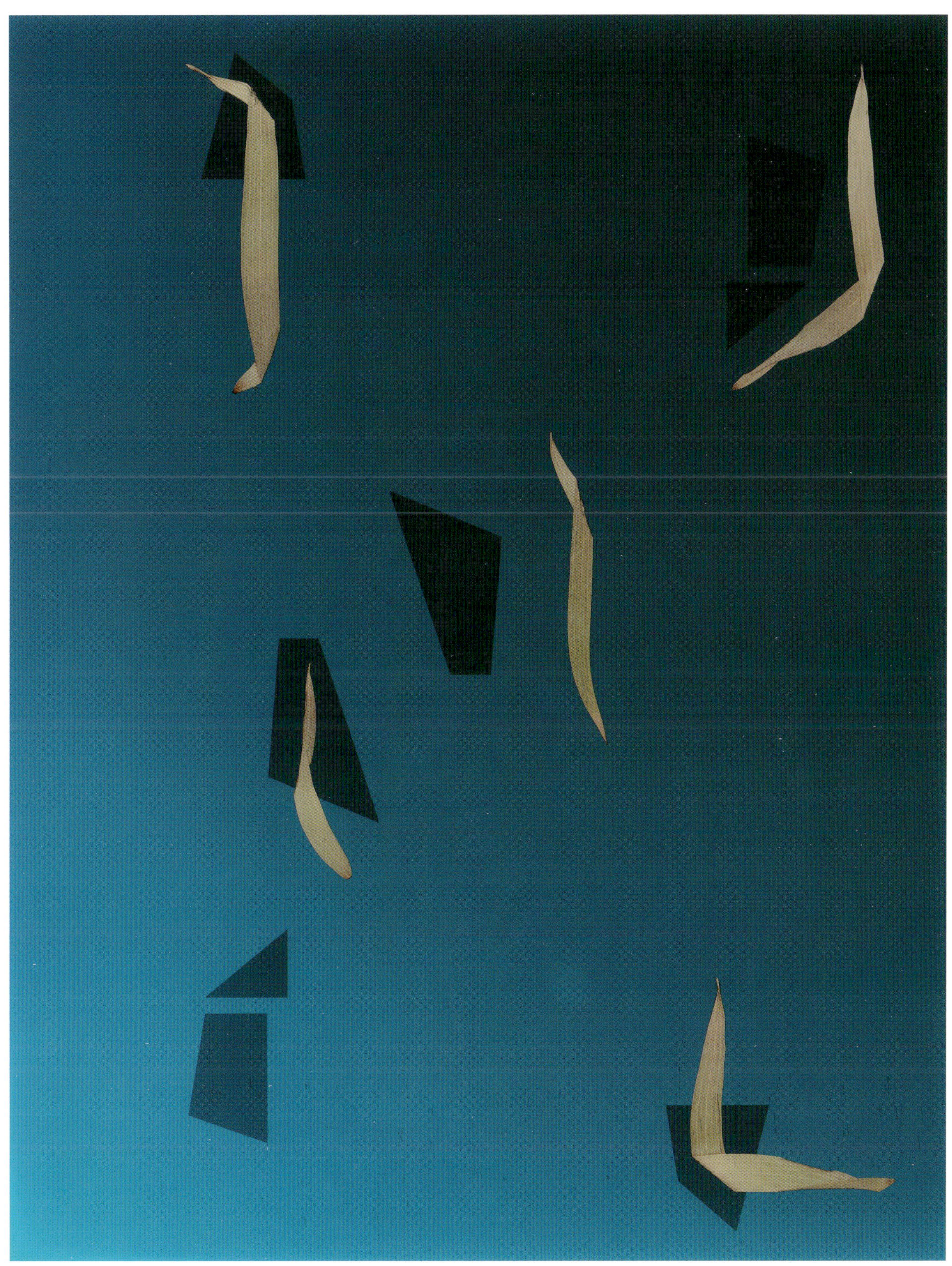

(5)

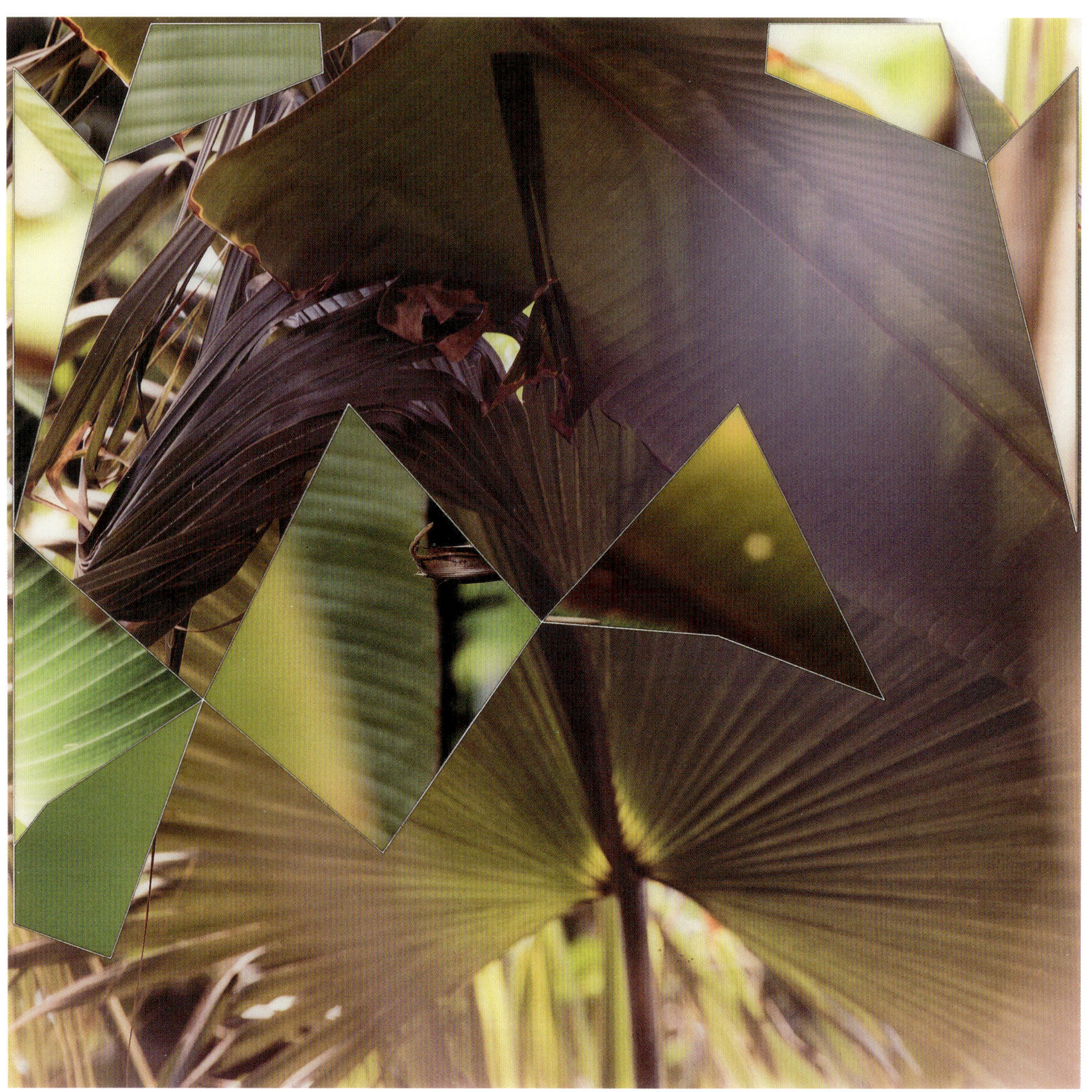

19 (Meise-Ghent-Glasgow)

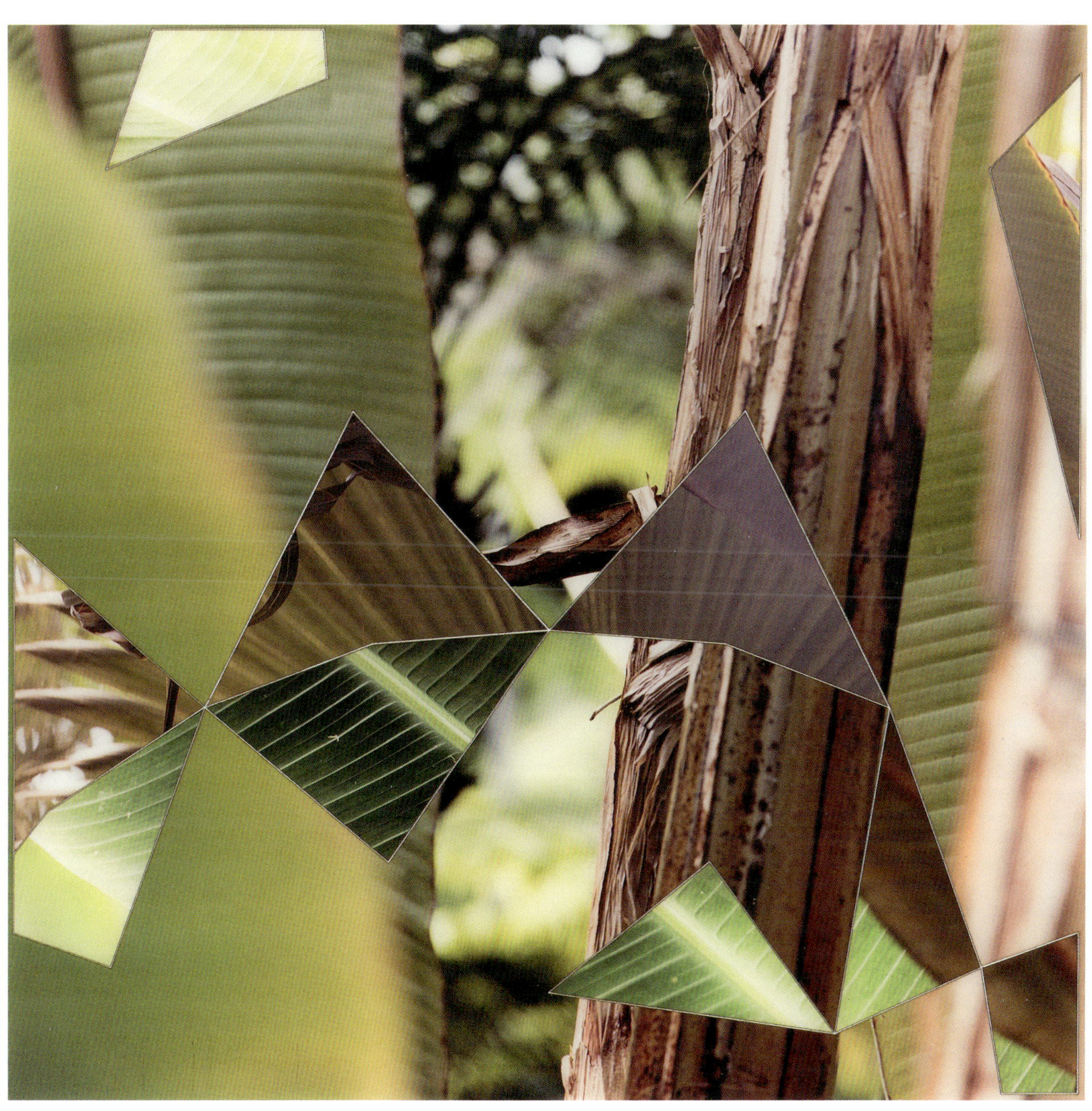

20 (Meise-Ghent-Glasgow)

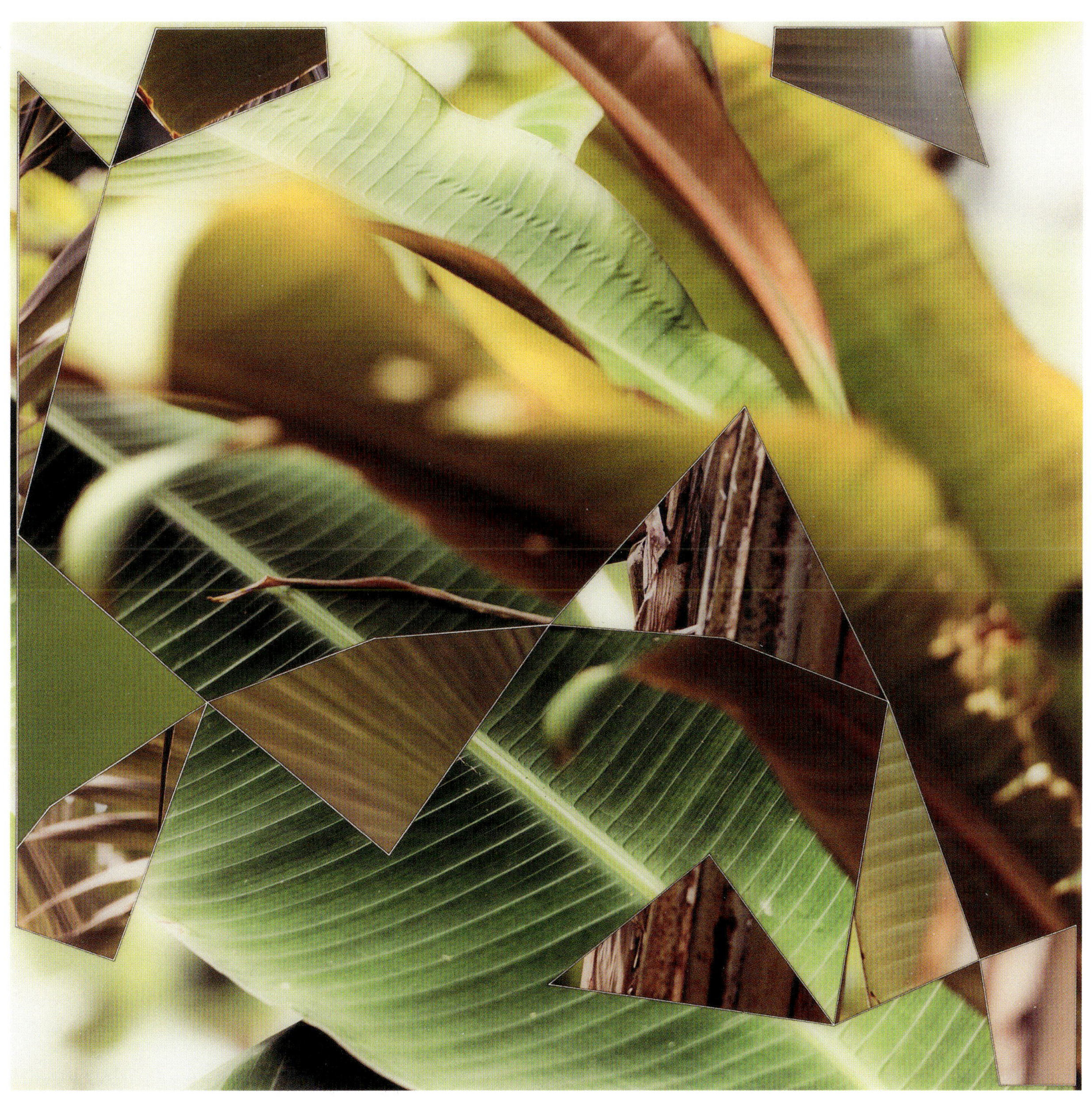

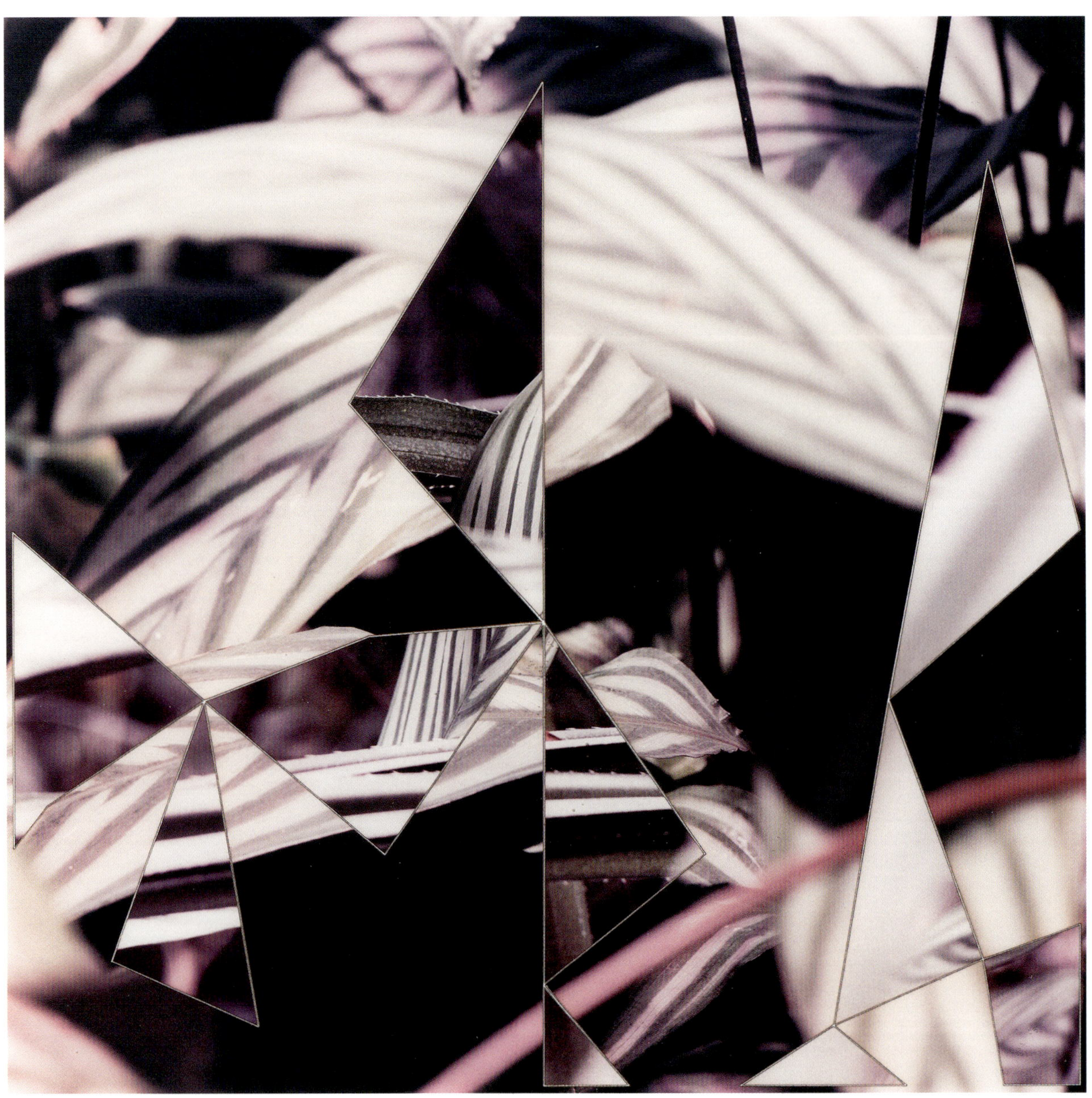

35 (Tallinn-Rome)

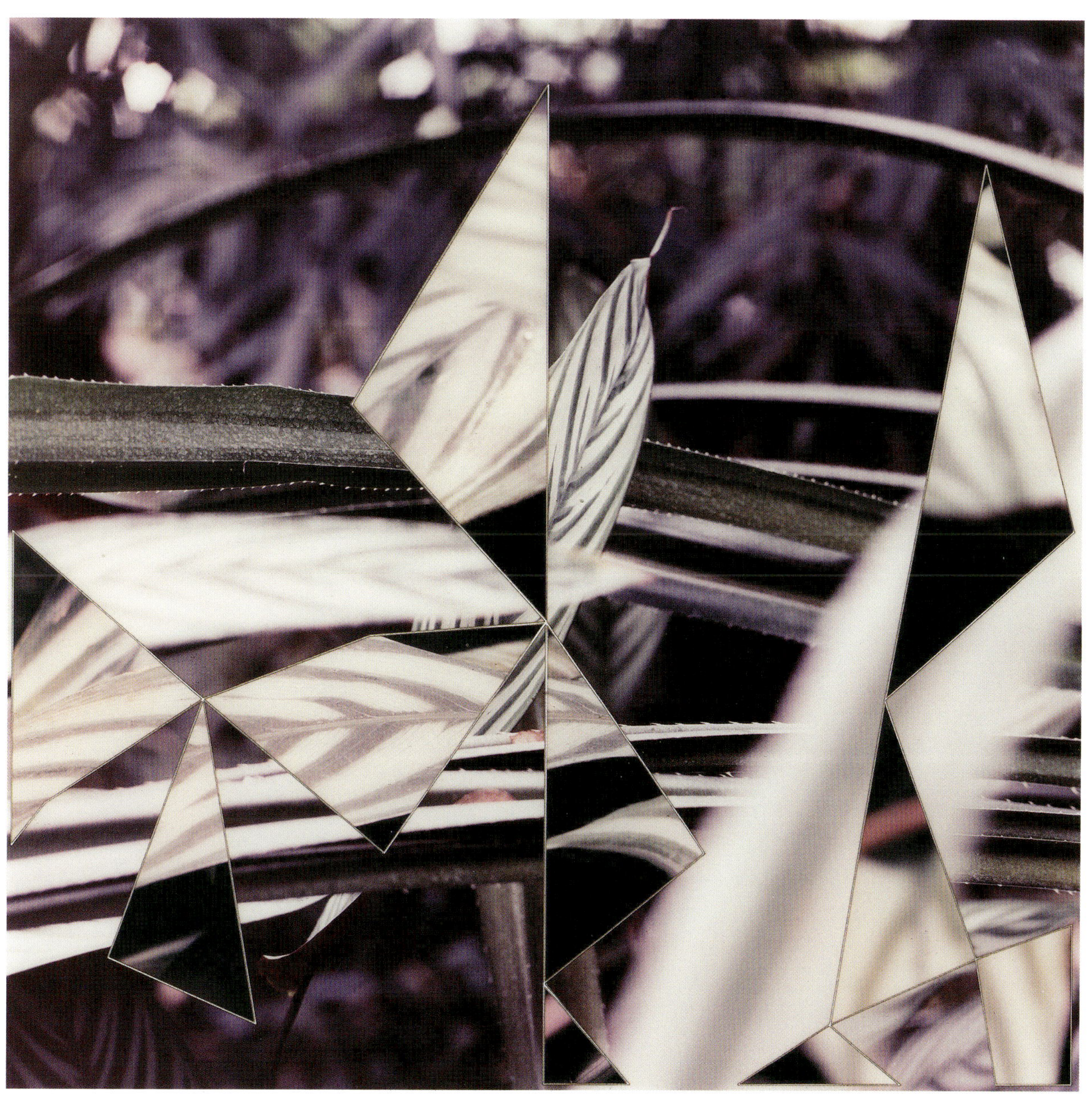

36 (Tallinn-Rome)

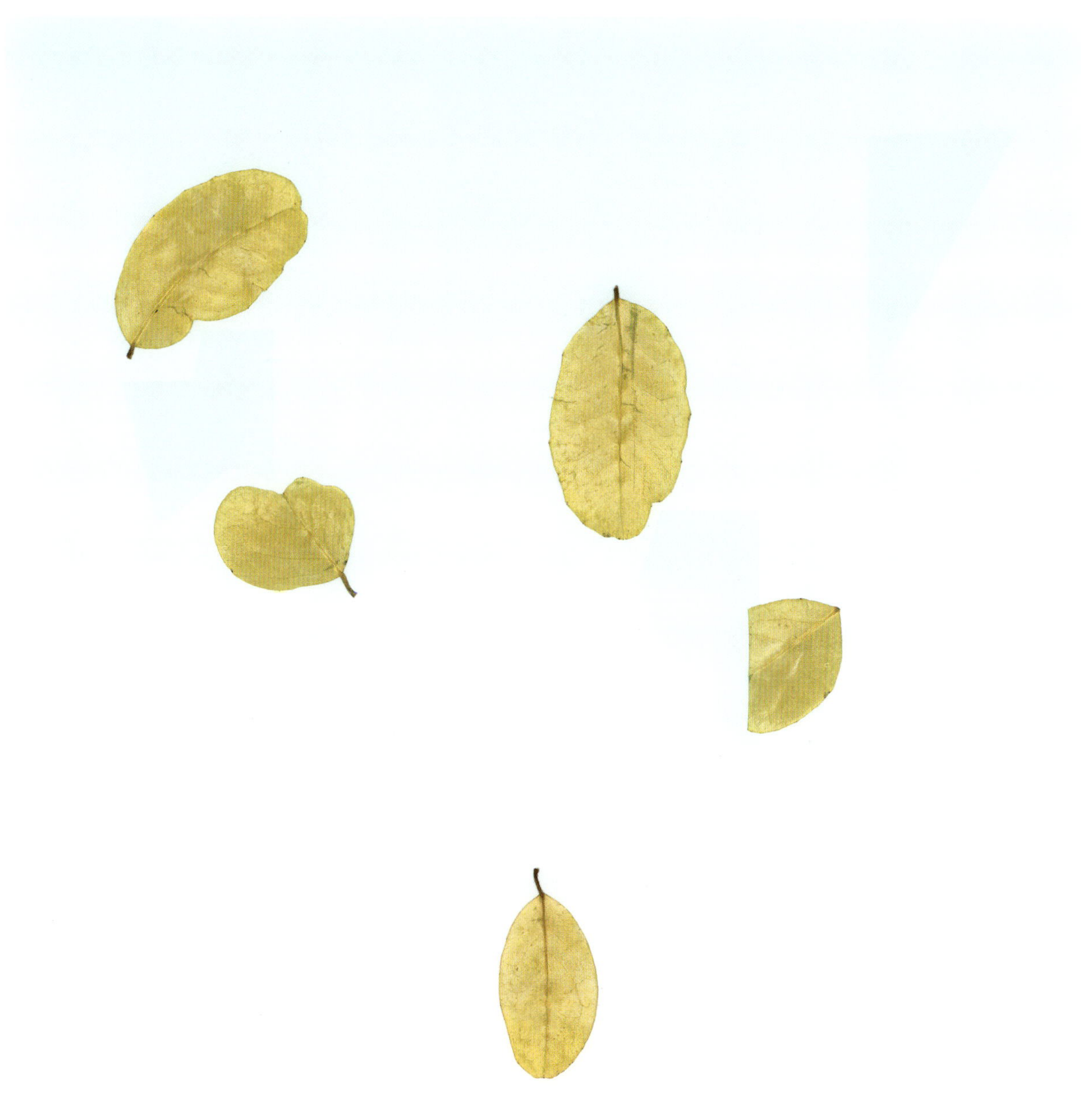

(2)

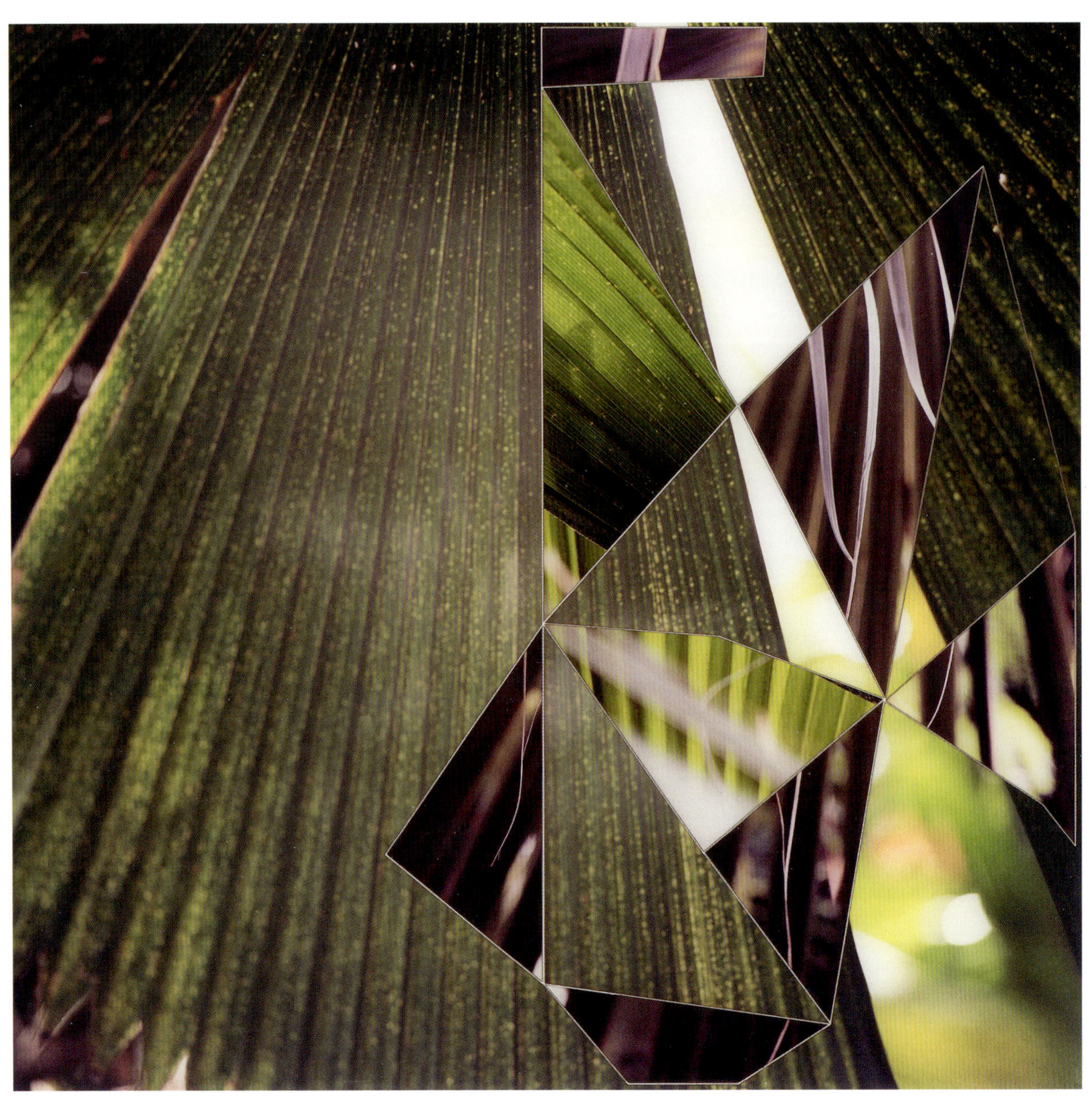

23 (Ghent-Meise-Brooklyn)

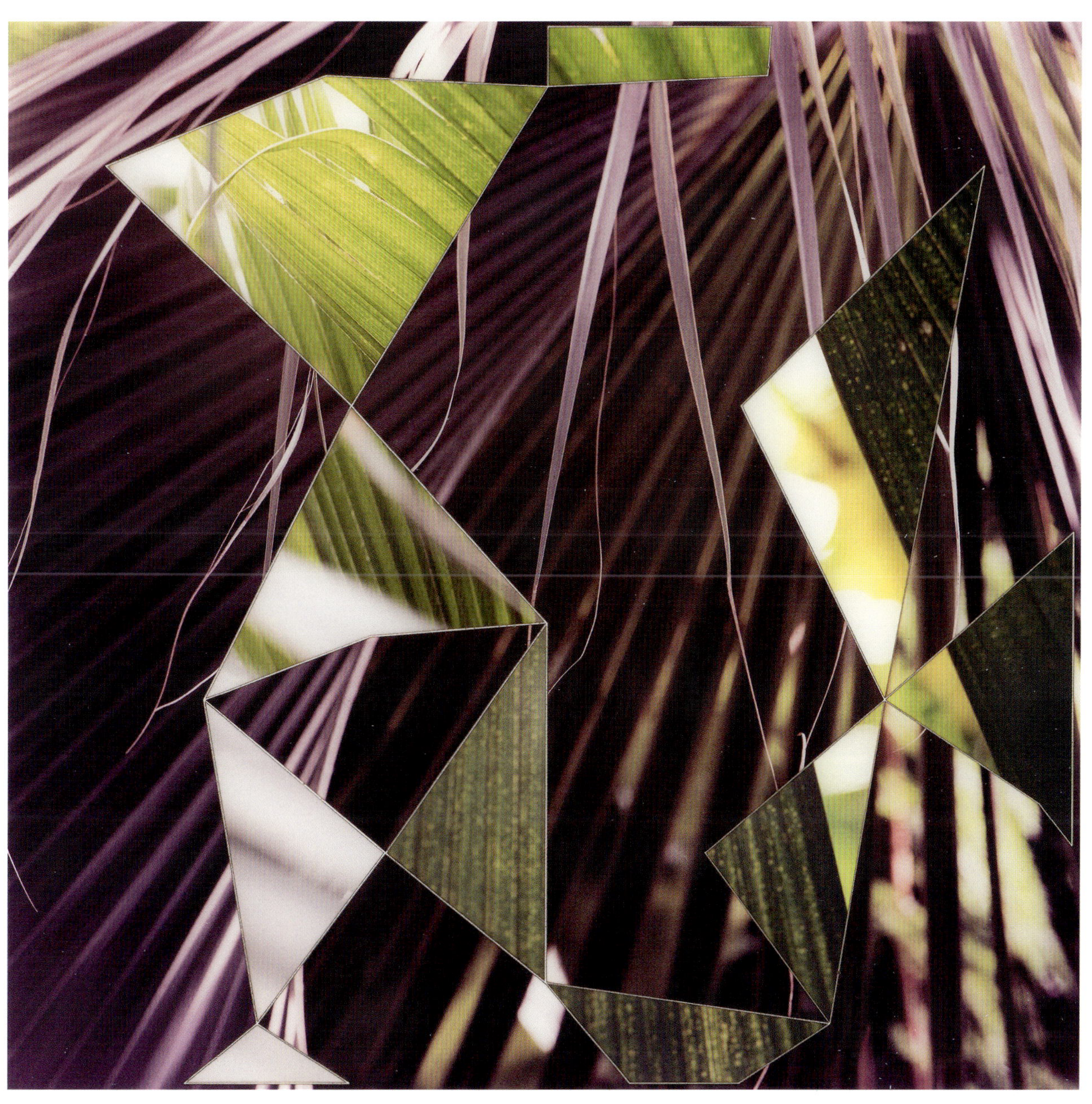

21 (Ghent-Meise-Brooklyn)

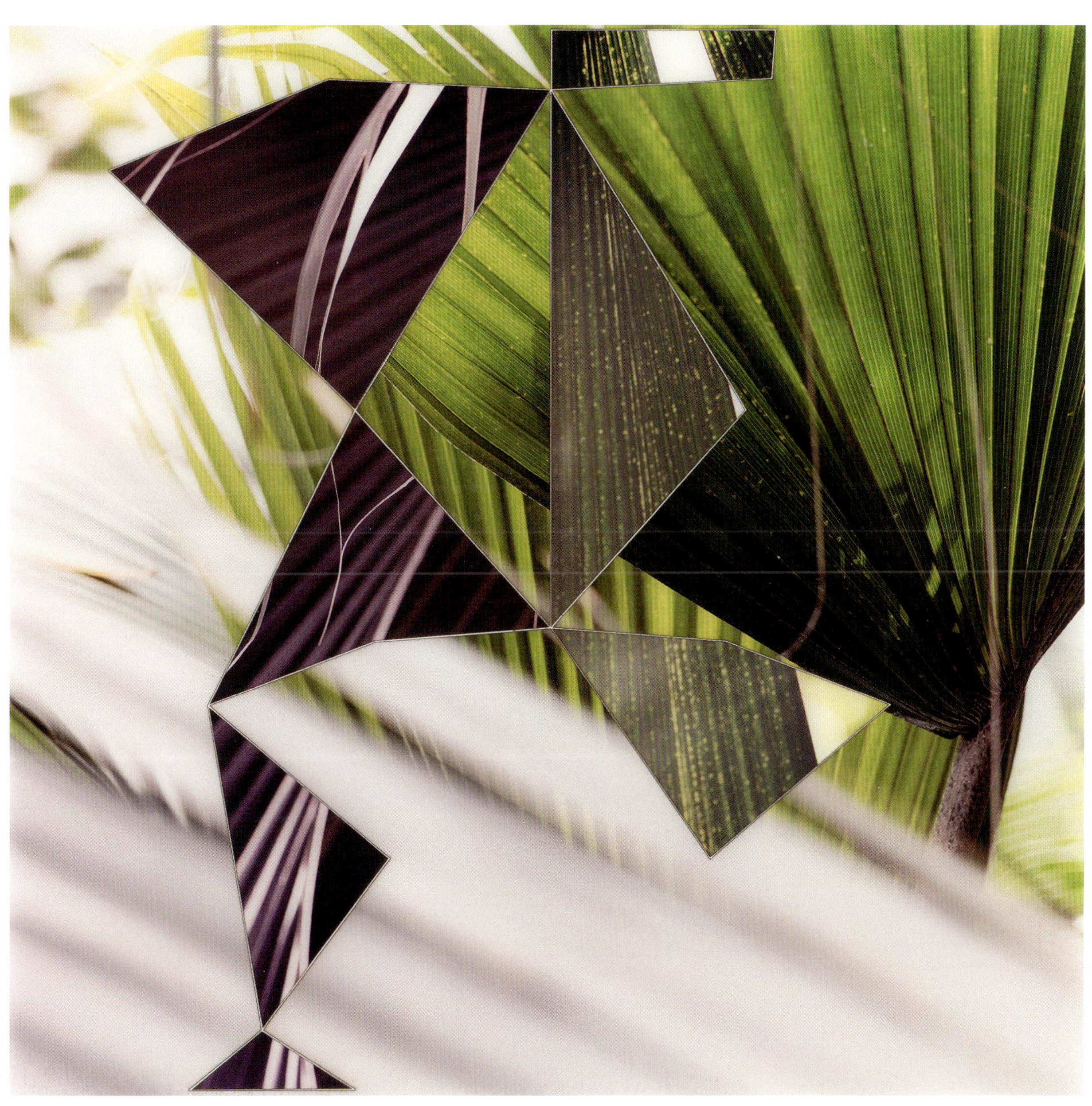

22 (Ghent-Meise-Brooklyn)

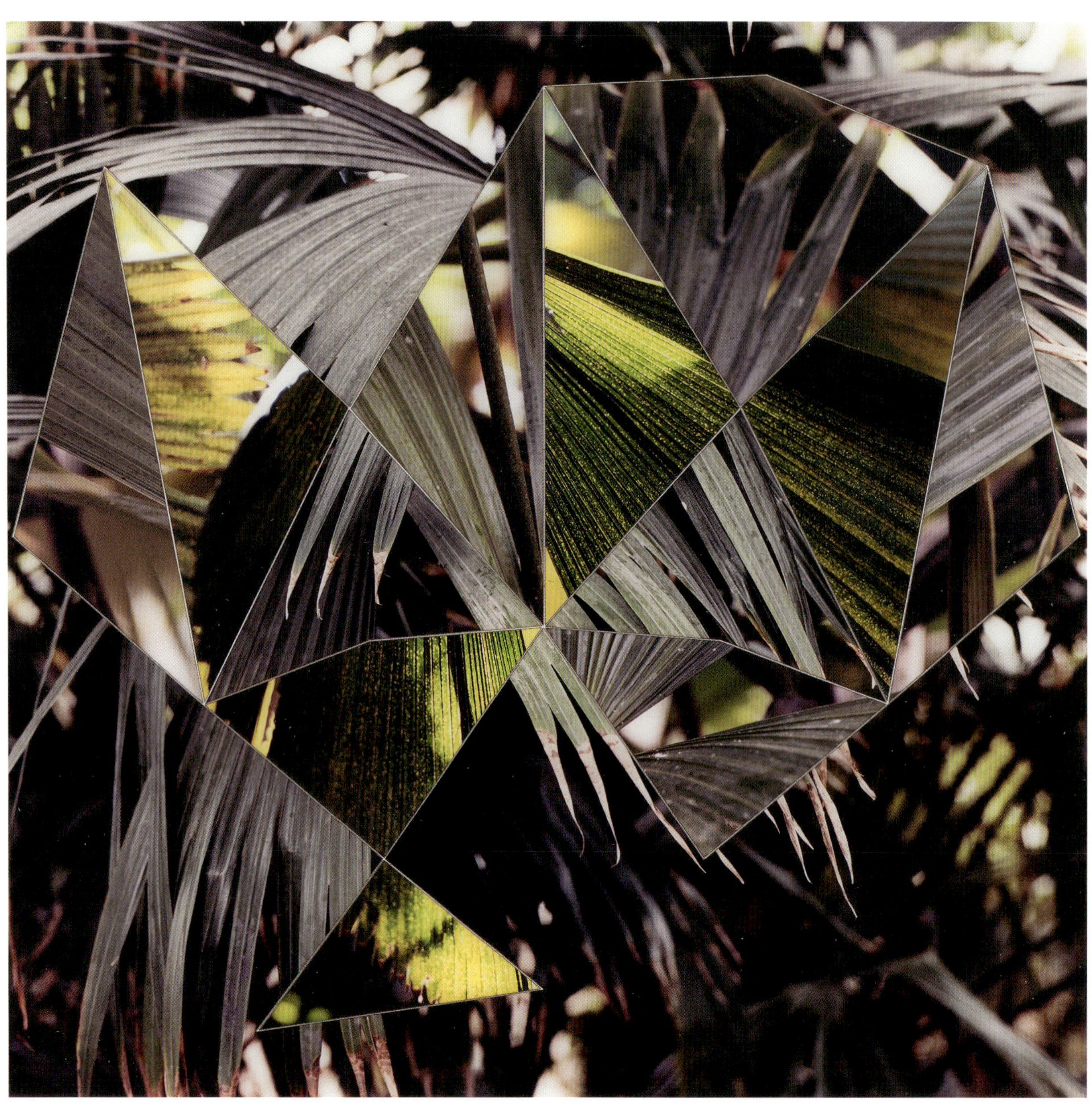

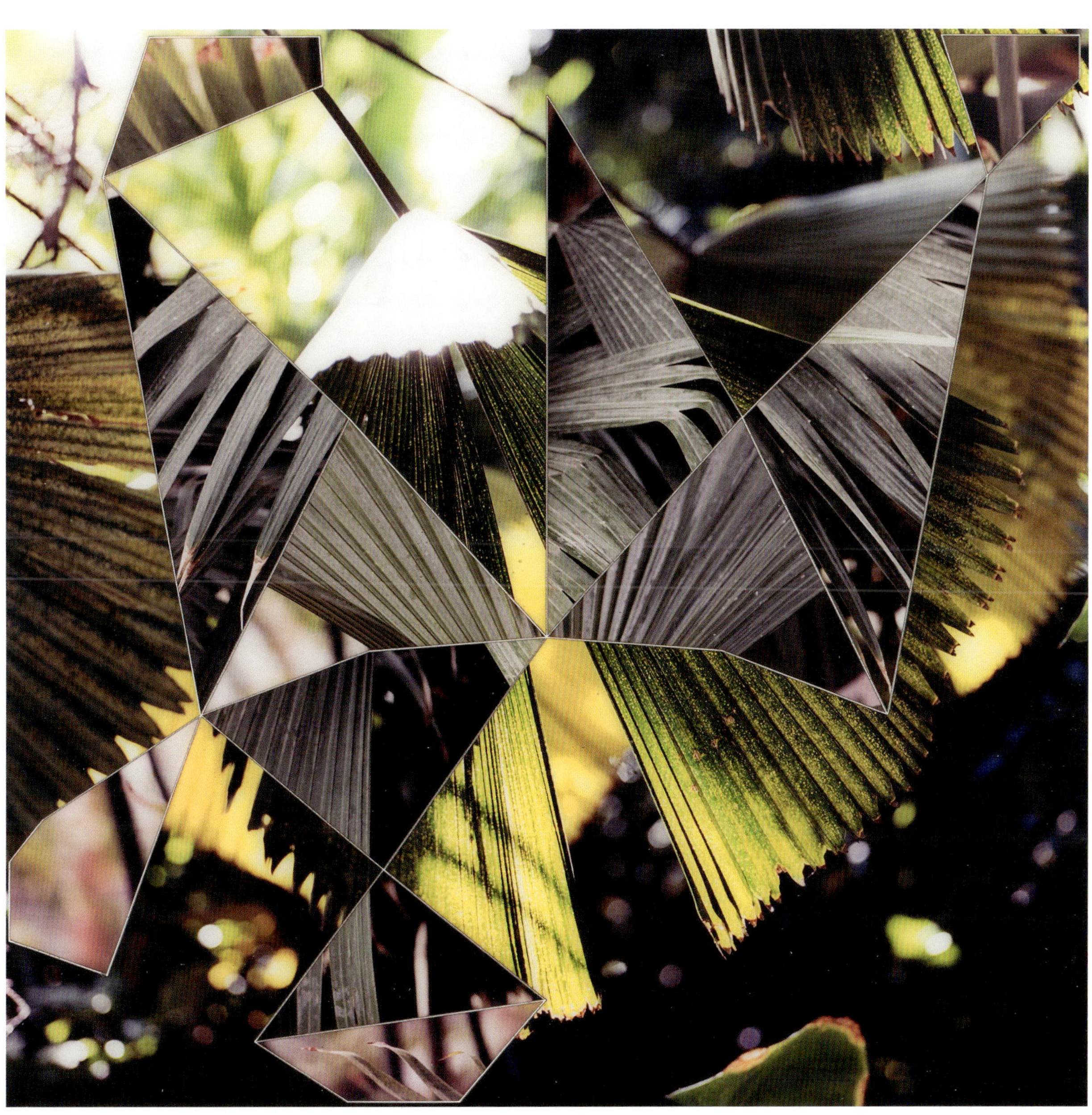

24 (Brooklyn-Tallinn-Meise)

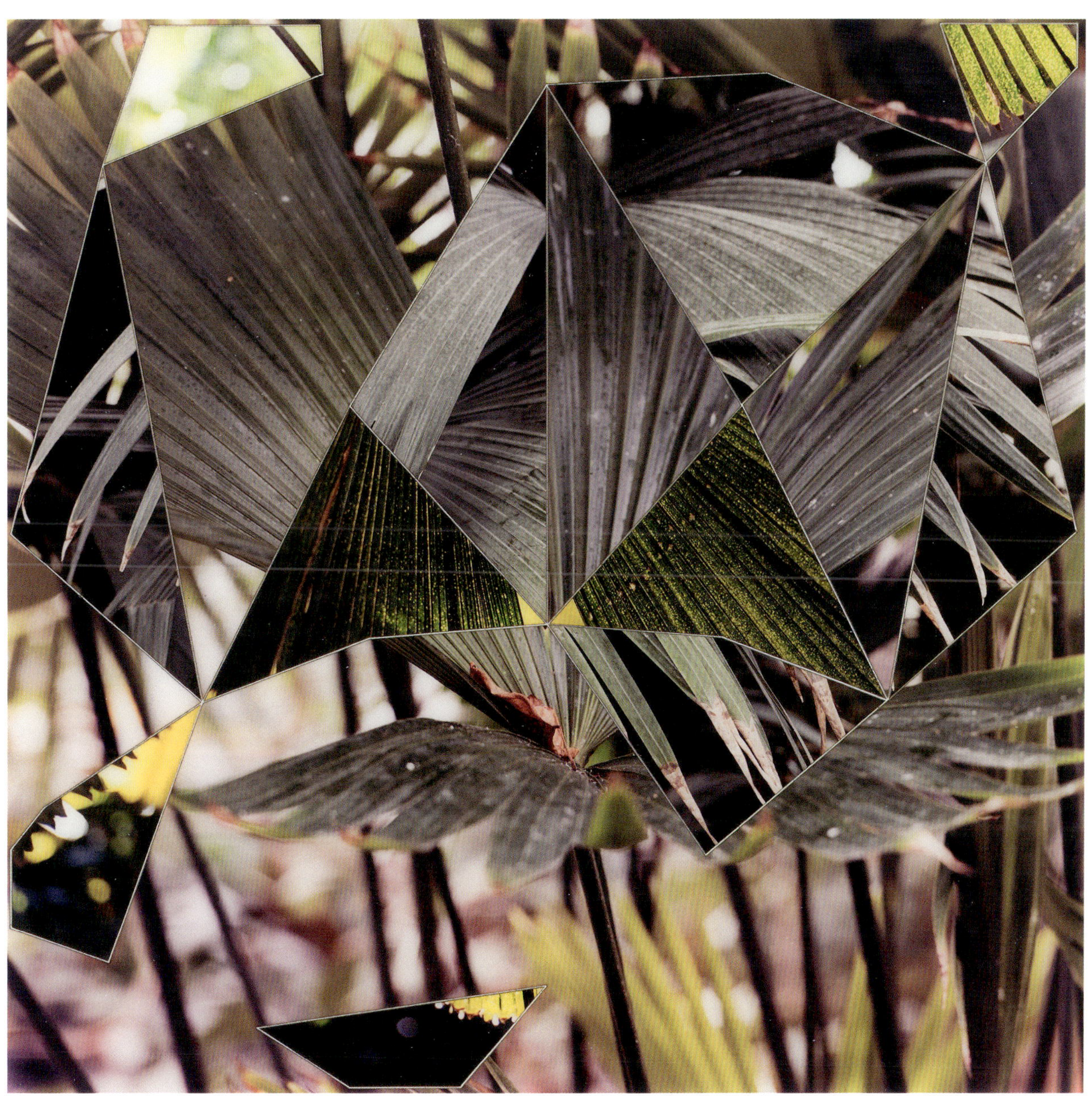

25 (Brooklyn-Tallinn-Meise)

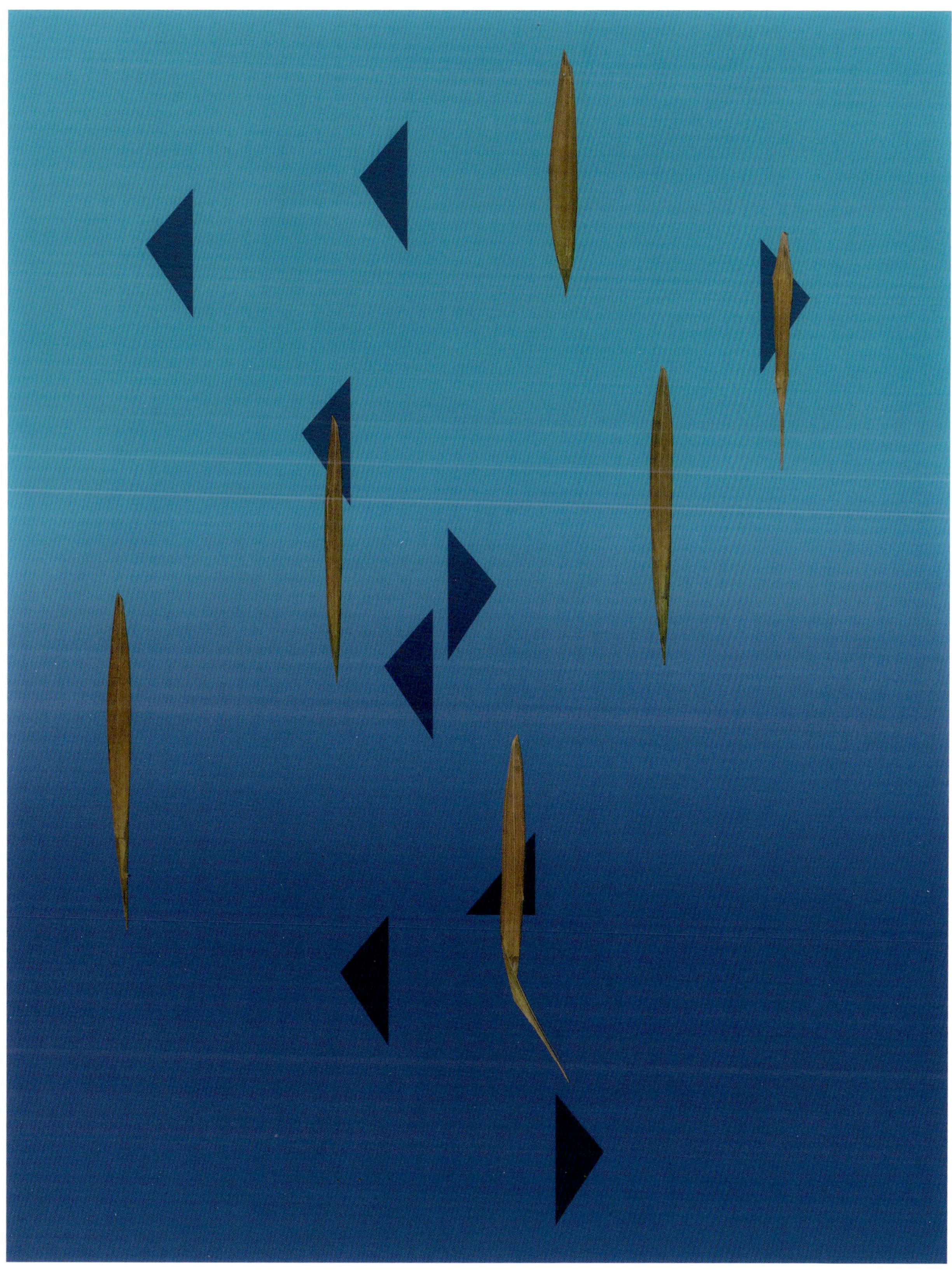

(6)

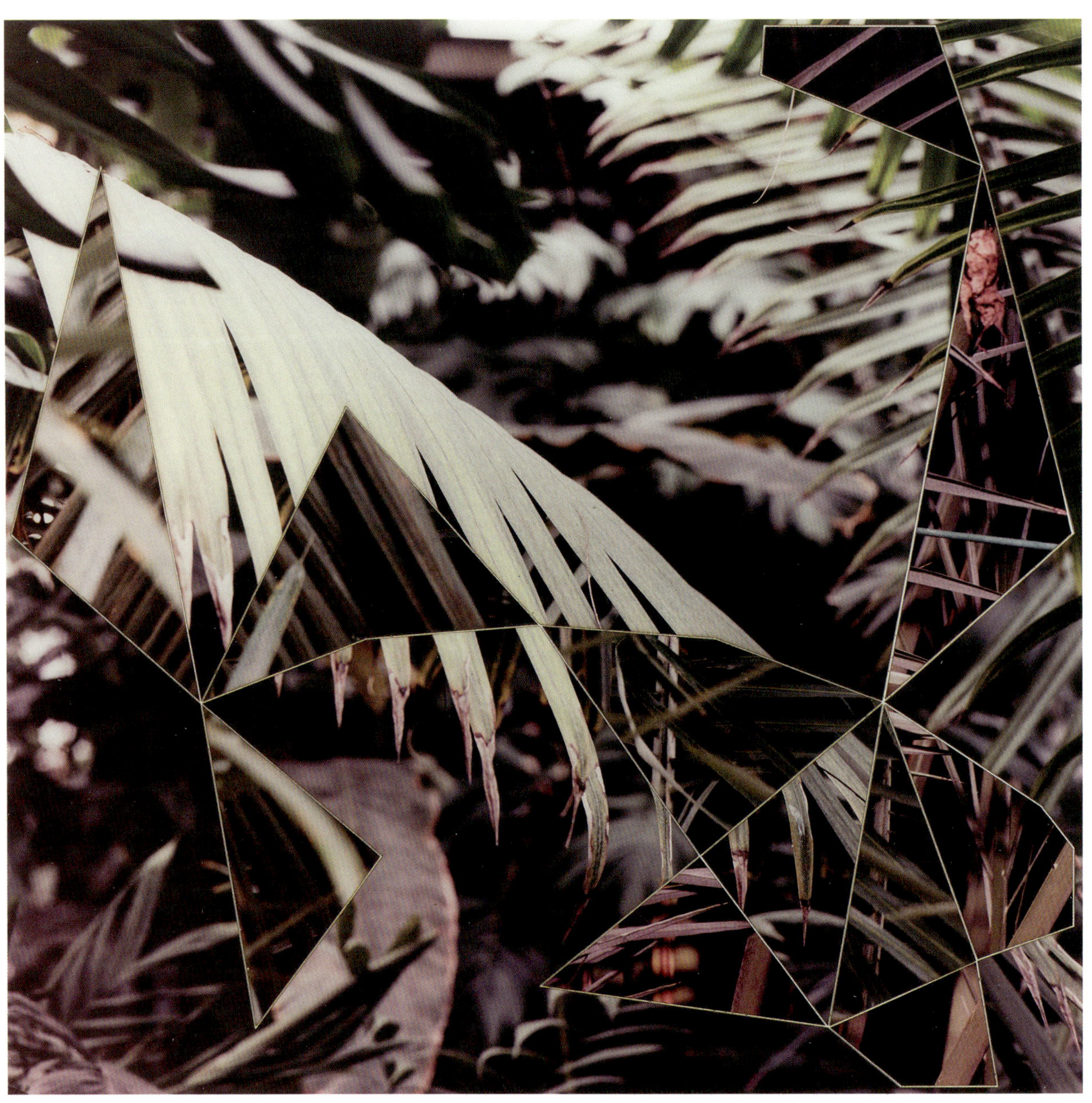

27 (Ghent-Bronx-Rome)

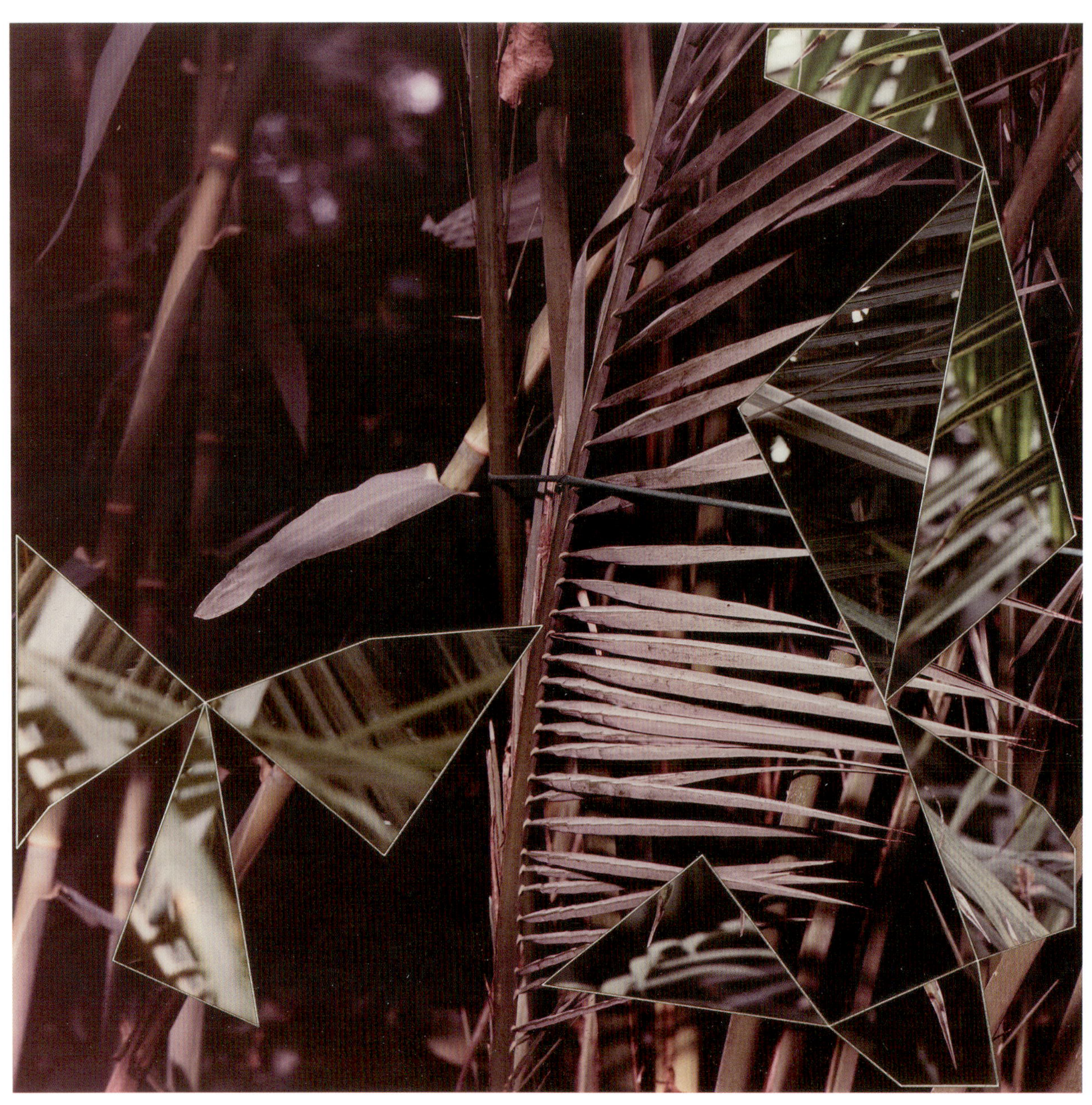

29 (Ghent-Bronx-Rome)

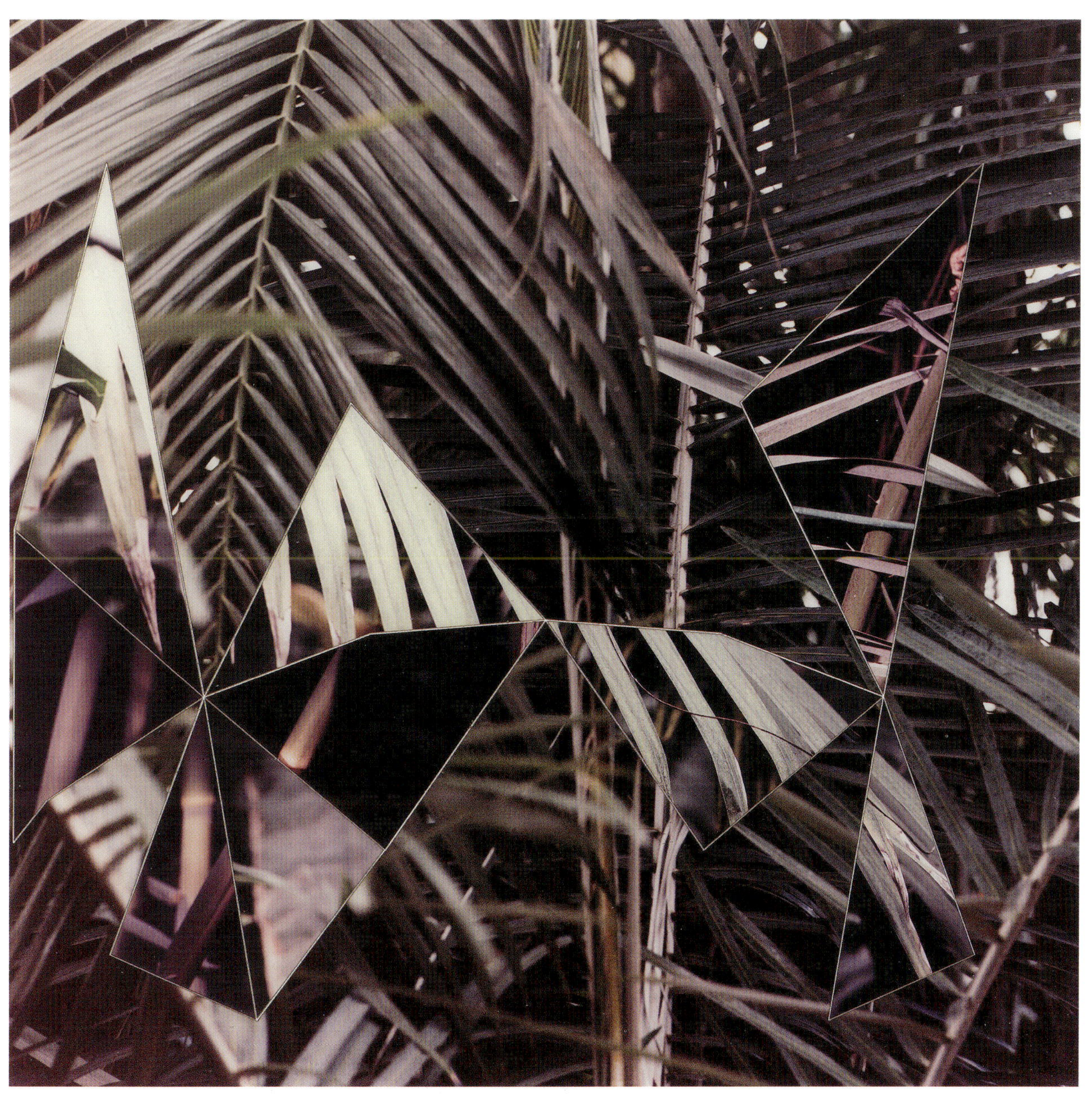

28 (Ghent-Bronx-Rome)

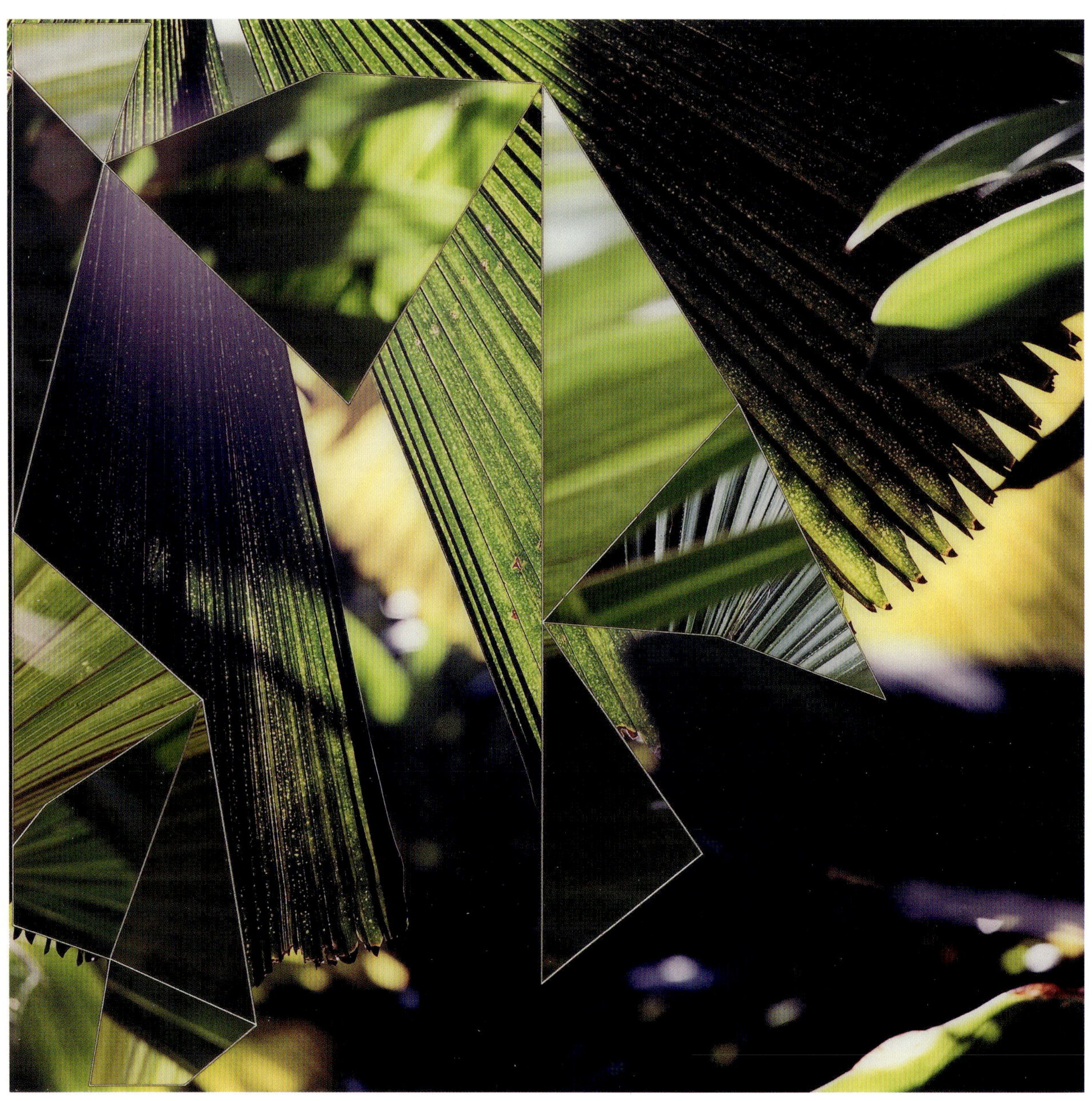

30 (Brooklyn-Meise-Tallinn)

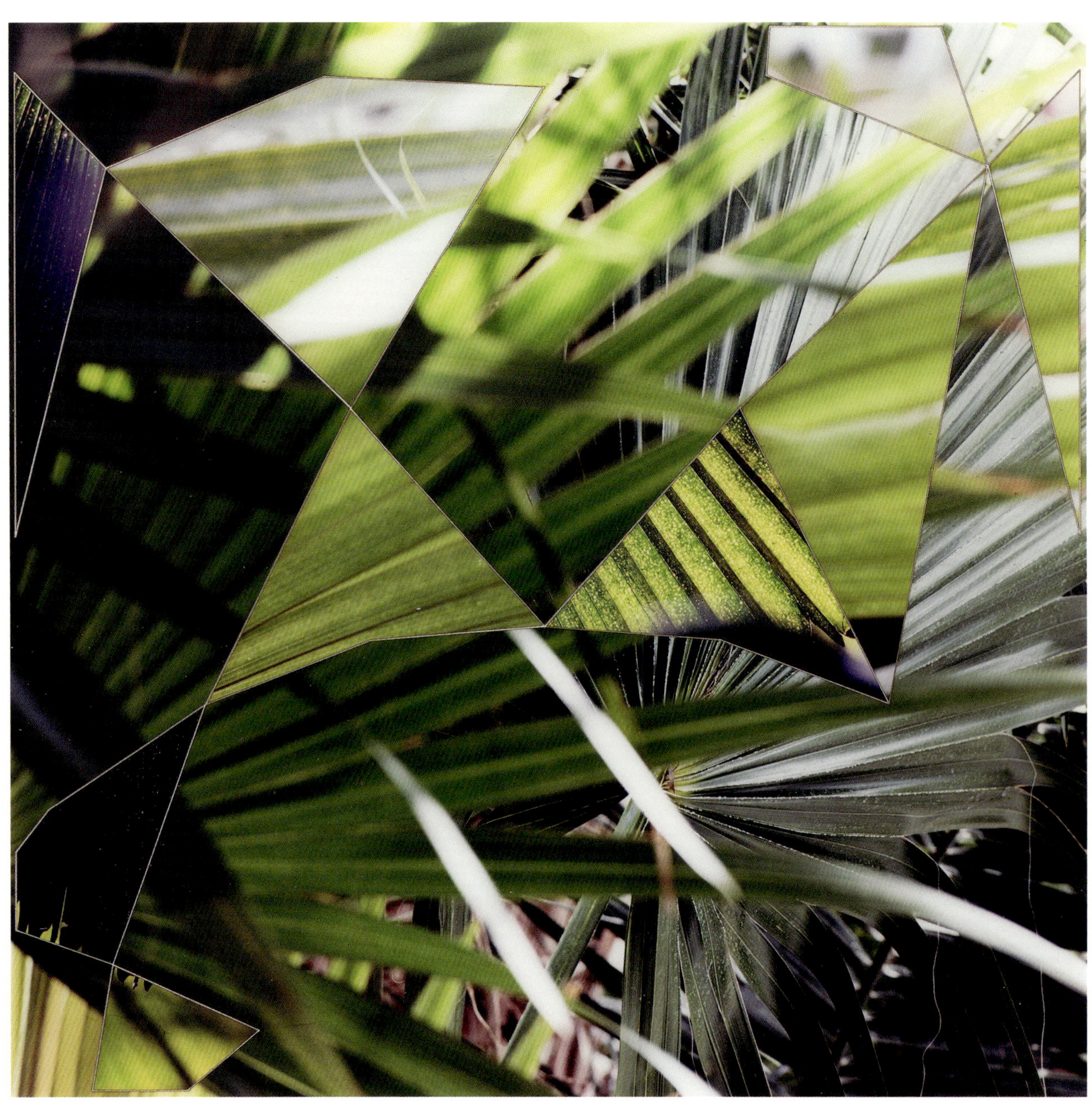

32 (Brooklyn-Meise-Tallinn)

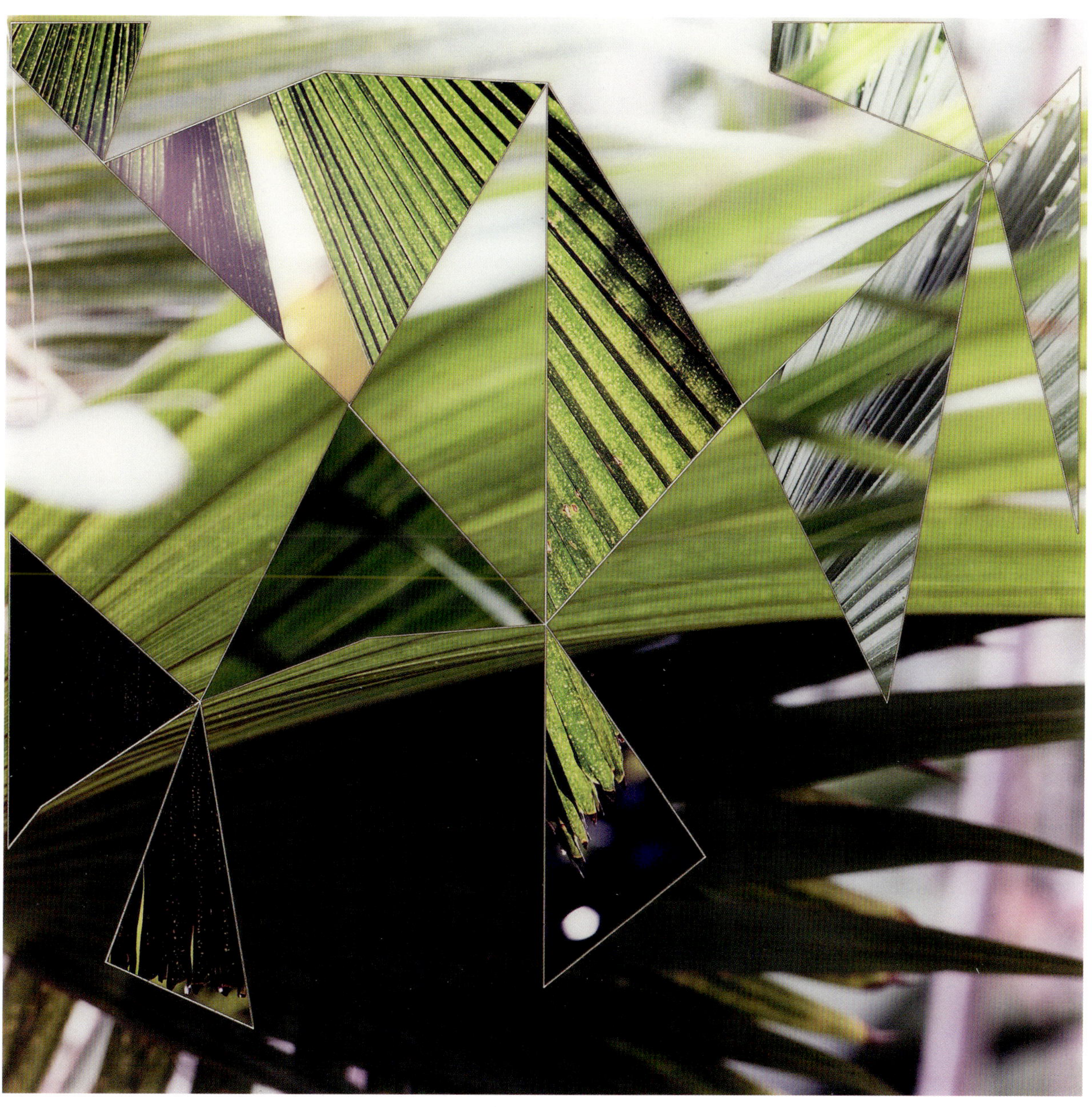

31 (Brooklyn-Meise-Tallinn)

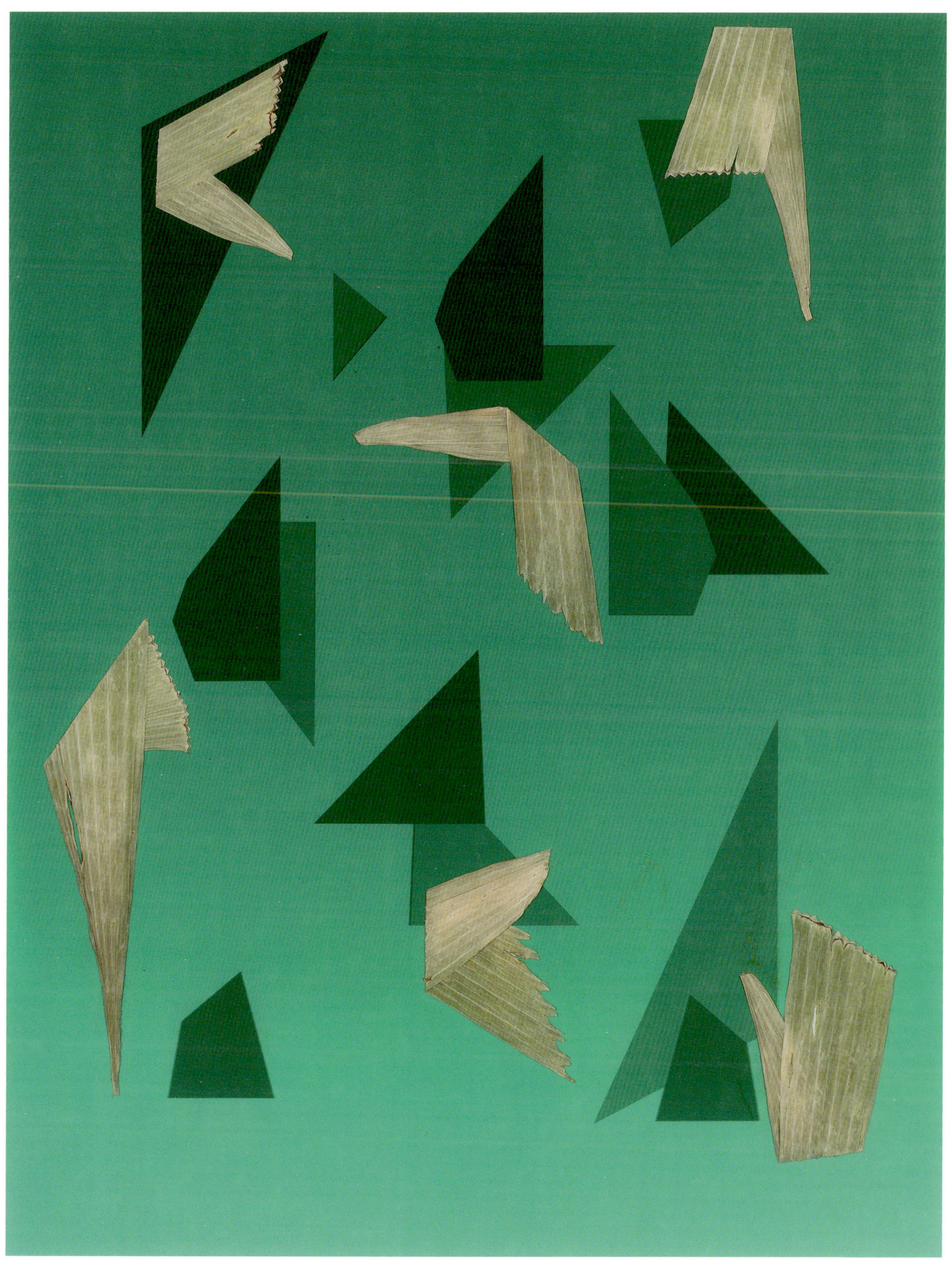

(4)

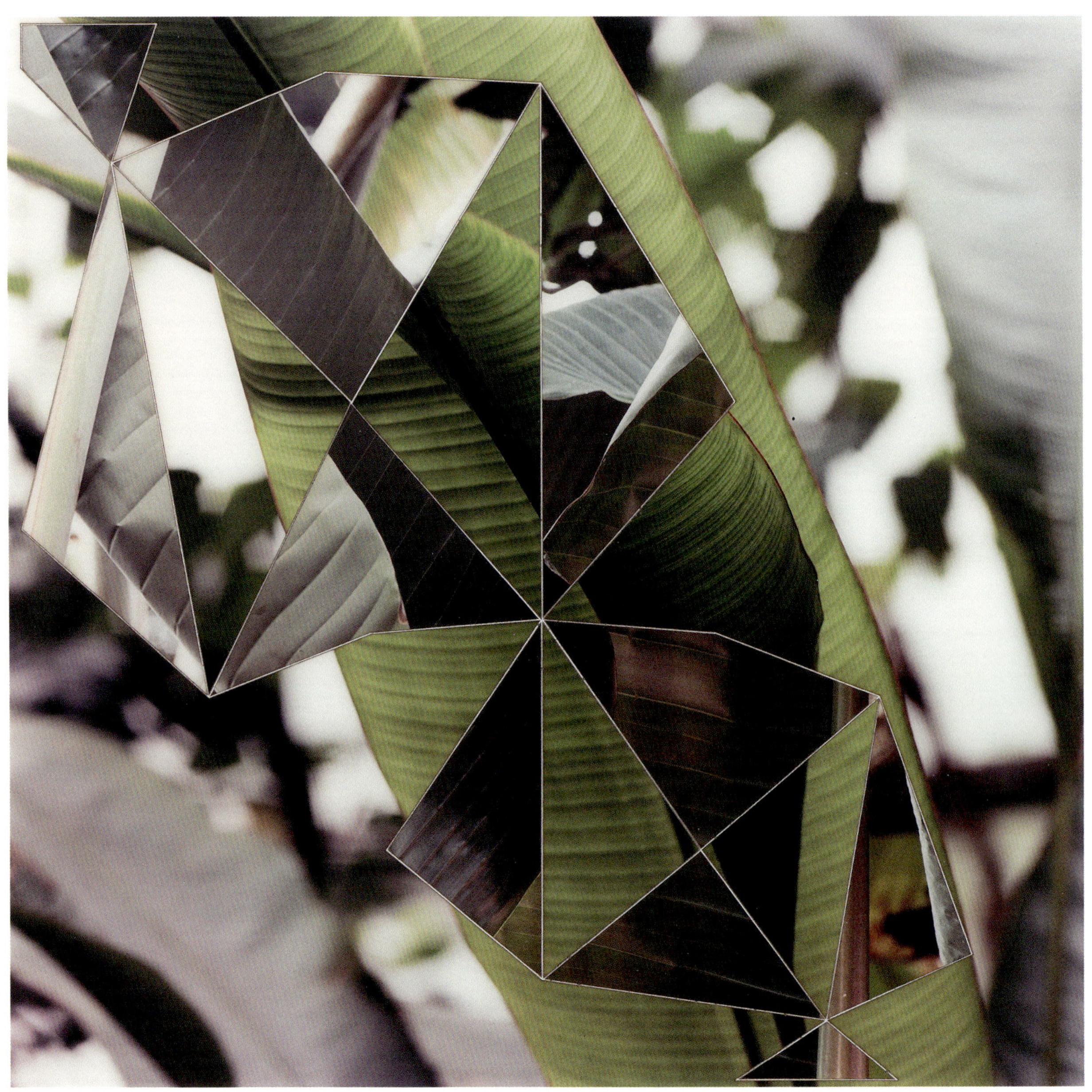

33 (Rome-Tallinn)

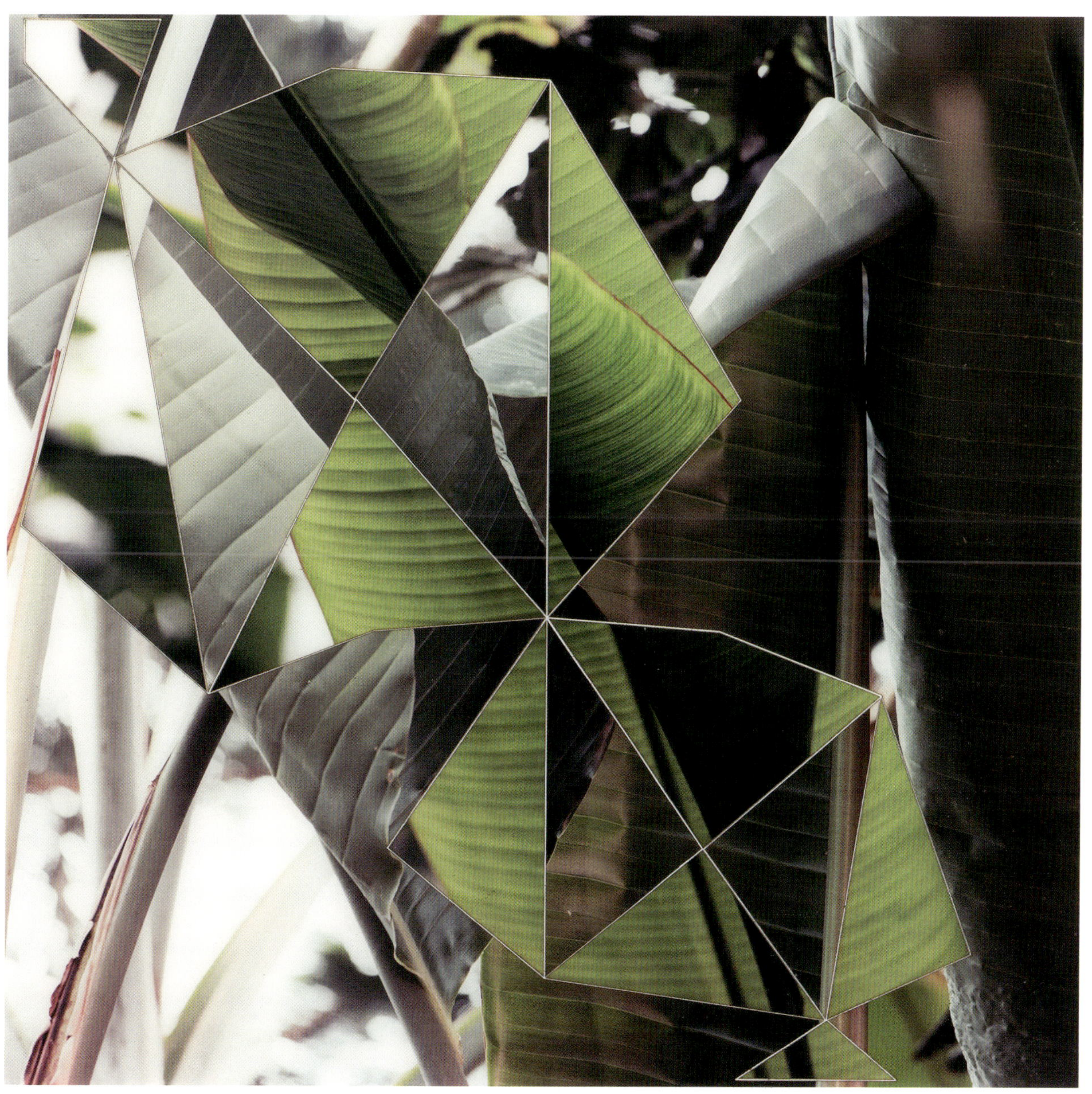

34 (Rome-Tallinn)

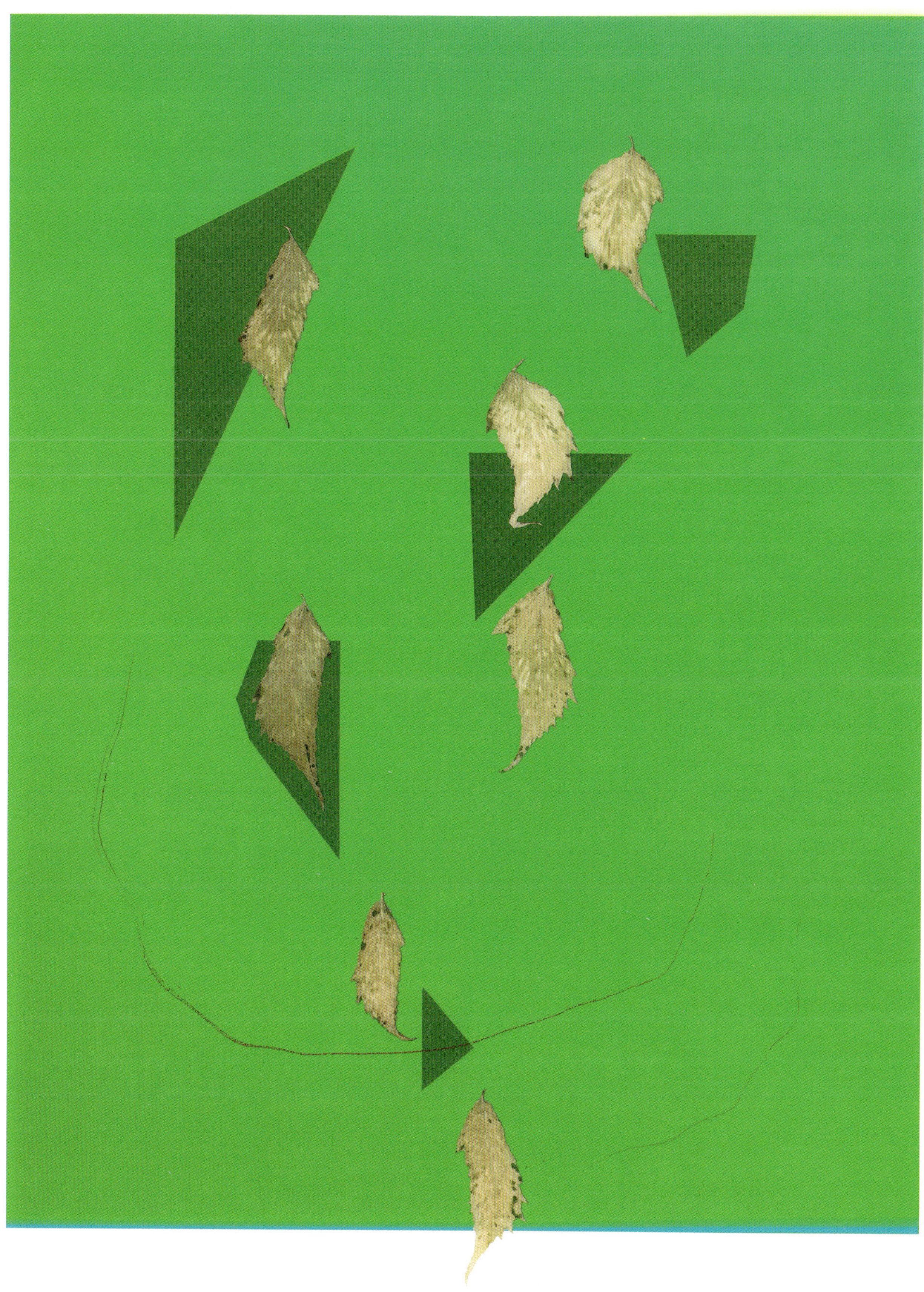

(3)

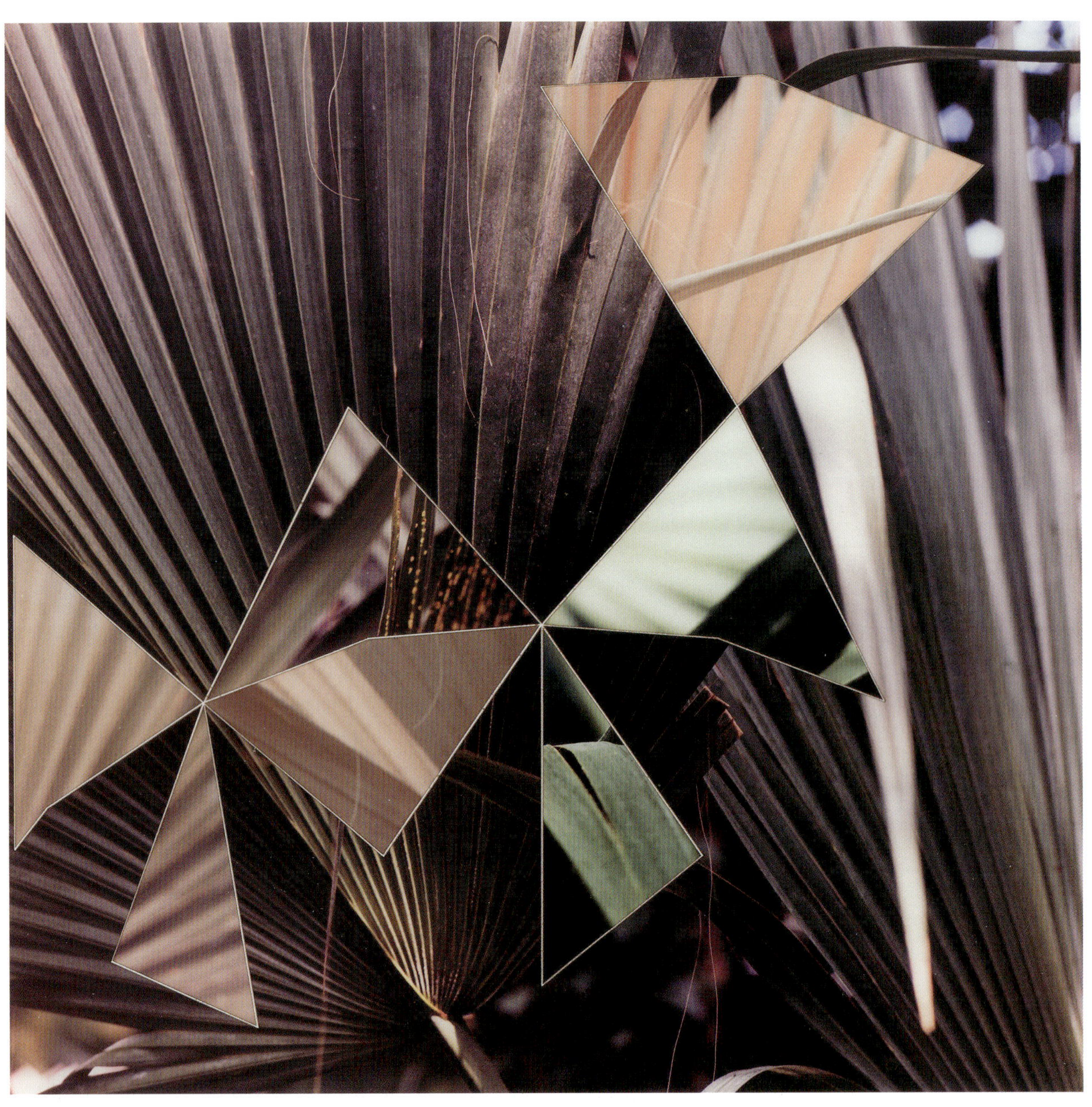

39 (Tallinn-Meise-Copenhagen-Tartu)

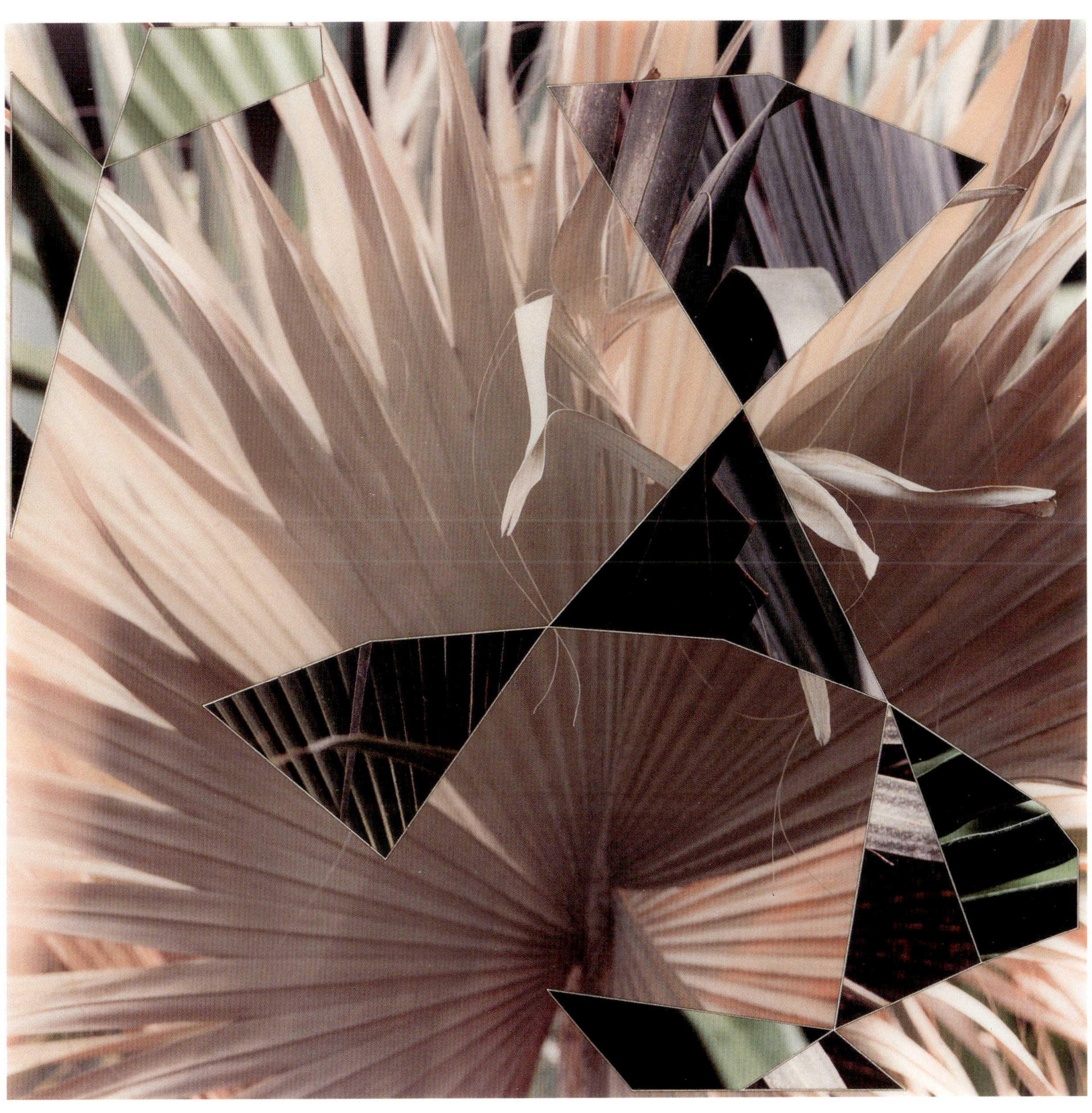

37 (Tallinn-Meise-Copenhagen-Tartu)

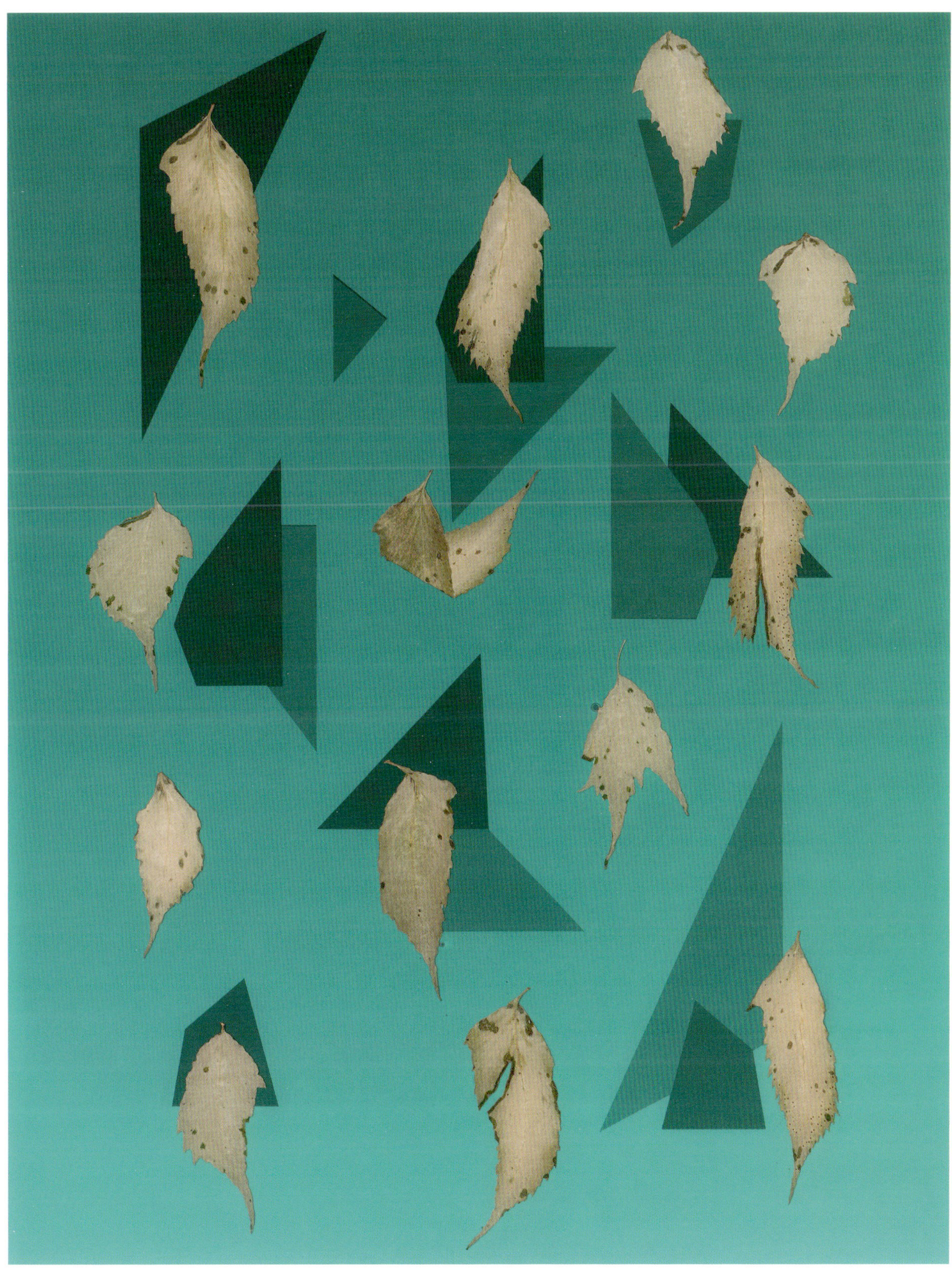

(1)

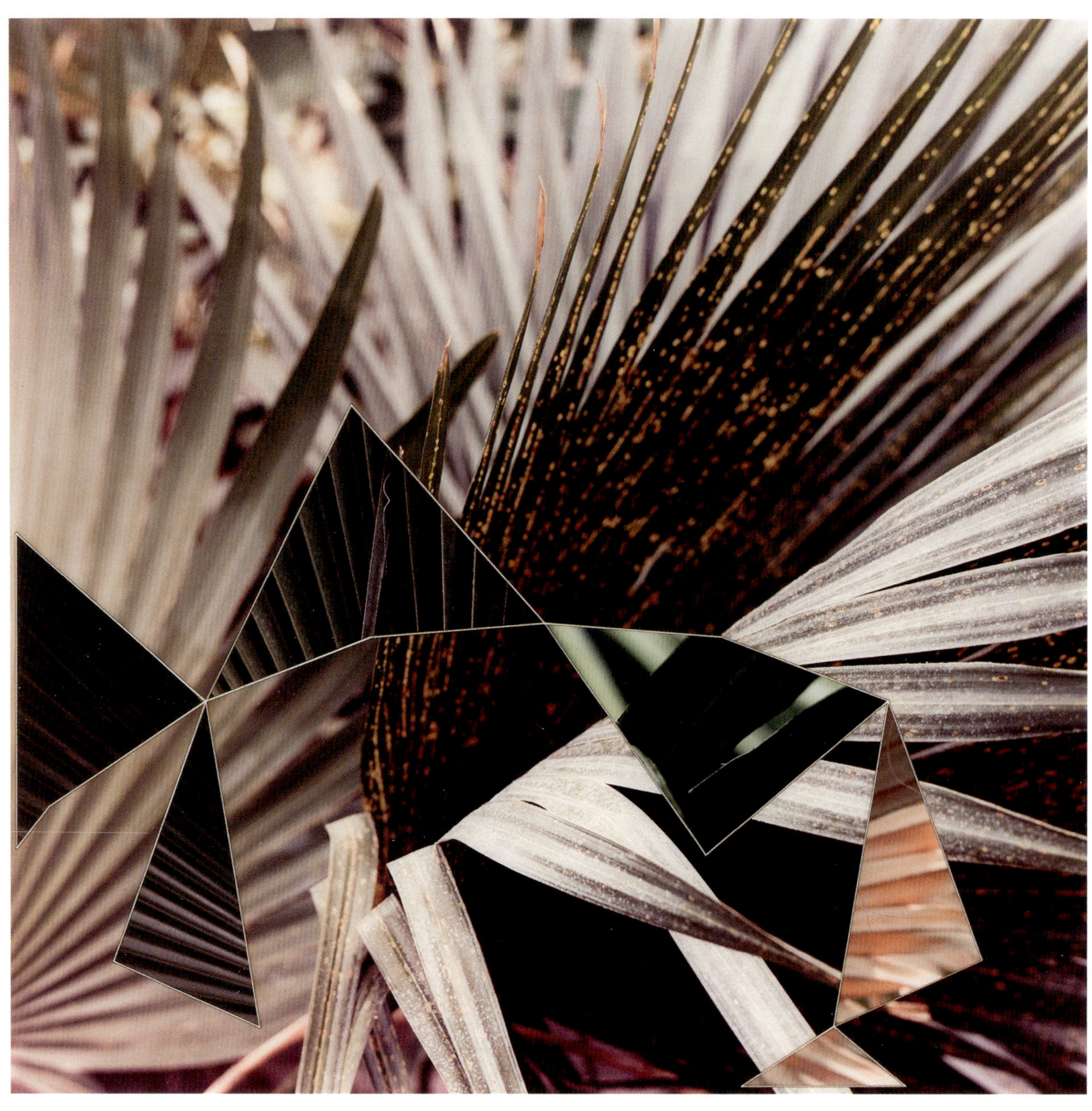

40 (Tallinn-Meise-Copenhagen-Tartu)

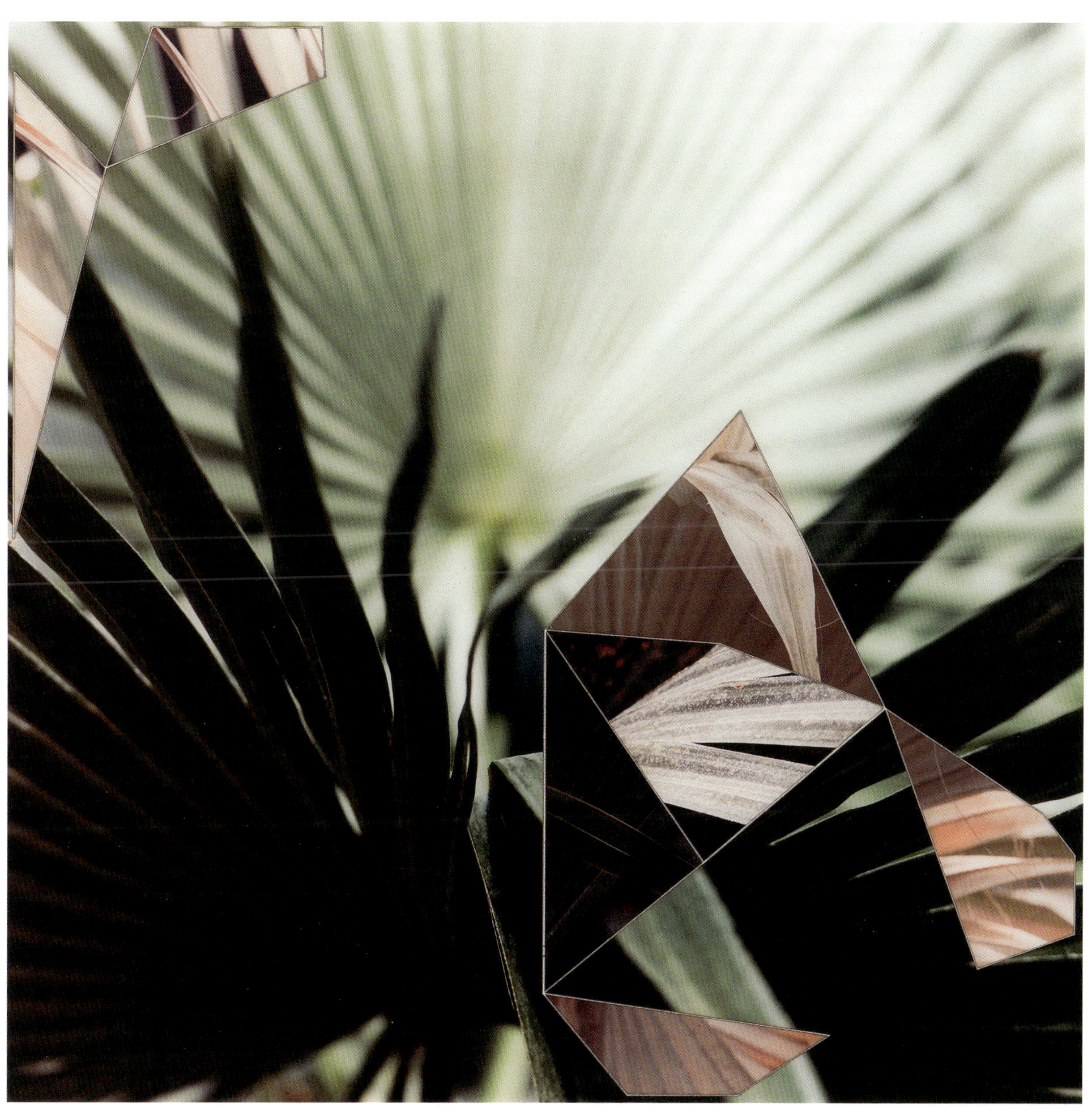

38 (Tallinn-Meise-Copenhagen-Tartu)

CRYSTAL GRID

Series of 40 photocollages
C-print on aluminium composite, epoxy resin
47.5 × 47.5 cm
2020–2023

40 fotokollaaži
Kromogeenne värvifoto alumiinium komposiidil, epoksüvaik
47.5 × 47.5 cm
2020–2023

WHAT IT IS TO BE WHAT YOU ARE NOT

Series of 8 assemblages
C-print on aluminium composite, leaves, epoxy resin
70 × 55 cm
2022

8 assamblaaži
Kromogeenne värvifoto alumiinium komposiidil, lehed, epoksüvaik
70 × 55 cm
2022

With the assistance of Jaan Mettik (Tallinn Botanic Garden)
Produced for the 8th Artishok Biennial – Botanical Witnesses
Curated by Ann-Mirjam Vaikla

Abistas Jaan Mettik (Tallinna Botaanikaaed)
Teostatud 8. Artishoki biennaaliks – Taimed kui tunnistajad
Kuraator Ann-Mirjam Vaikla

Paul Kuimet's analytical photography

Paul Kuimeti analüütiline fotograafia

Neeme Lopp

Paul Kuimet's work has at times been considered as cold or, at the minimum, cool photography. Sometimes these statements even seem to contain a kind of reproach, as if this characteristic would necessarily imply that the viewer also remains cool and distant. On the contrary, I would say that this "chilliness," this "remoteness" that has recently even been claimed to be "ruthless,"[1] is precisely where Kuimet's strength lies. Indeed, photography is often considered a "warm," affective medium, in which form is glued to content. This is caused by the illusion that the signified in the photograph is authentically present, that the object presents itself *as it really is* and the viewer is able to get very close to the object through the surface of the picture, right up to the object itself (this is the so-called indexical nature of the photograph). But the relationship with photography gets even more heated when that leads us to believe that photography is supposed to be a witness and bearer of some social (and usually problematic) relation. In that case, the meaning of a photograph is determined by the viewer's attitude towards this relation and not by the form. The photograph plays on the affect that social problems evoke in us, making us sympathise with the spectacle, and it is this affect that floods the meaning of the photograph. The form of the photograph is rendered totally irrelevant, what matters now is only the viewer's attitude—which affects they adopt (i.e., who *they themselves are*). In the aesthetics of the last half-century, this movement towards the primacy of the viewer and the rejection of the form has been a widespread, perhaps even predominant ambition.[2]

Bertolt Brecht, on the other hand, was worried that our sympathy for the victims of a social problem can make the problem's "beauty and attraction" invisible.[3] Thus, theatre was supposed to put emphasis on the distancing effect, rather than compassion. Kuimet's photography shares a similar aesthetic credo. The situational awareness of showing and looking is important here. This is also the reason why the devices that display the images are often explicitly present in his work. Kuimet separates form and content, his photographs maintain a cool distance from the depicted. We might as well call this approach to photography analytical.

The aesthetics of the economic structure

Thinking of Kuimet's series *Crystal Grid* (2020–ongoing), the main question it raises might be formulated as follows: How to give structure to something that itself is lacking one? How to present something like that? This is a question of visibility and making visible. What are the means for making visible something that always remains invisible? More precisely: the thing that remains invisible in real life, but of which we can get a glimpse in *Crystal Grid*, is the structure of capitalism. But how to display something like that?

The photo collages of the *Crystal Grid* series are made up of tropical plants, photographed in different botanical gardens all over the world, while the patterns in these collages are created as variations on a grid that is based on the roof structure of the central transept of the Crystal Palace in London. The first part of the series consists of four triptychs, where the photographs within each of the trios alternately use fragments from one another, disrupted by the grid pattern. Here Kuimet's wider artistic practice should also be considered. He has previously been interested in architecture, not so much as a physical, built space, but more as a mental or even ideological space. The story of modern architecture is above all the story of glass and steel, running in parallel with the development of capitalism since mid-nineteenth century. And there is no other building that symbolised the original dream of capitalism better than the Crystal Palace. Using a modular system with 60,000 panes of glass, it was designed by Joseph Paxton and built in 1851 in Hyde Park for the Great Exhibition, and then moved to South London where it stood from 1854 to November 1936, when it was destroyed in a great fire. "This is an end of an era," said Winston Churchill, who among many others had come to see the fire, although he did not specify the precise era that he indicated as ending. It certainly was not the end of the capitalist era.

Paul Kuimeti loomingut on teinekord peetud külmaks või vähemasti jahedaks fotograafiaks. Mõnikord näib selles sedastuses kõlavat isegi etteheidet, justkui peaks nimetatud omadus ka vaataja jahedaks jätma. Ent ma väidan, et selles "jaheduses", distantseerituses, mida on hiljuti nimetatud isegi "halastamatuks",[1] Kuimeti tugevus just seisnebki. Tõepoolest, fotot peetakse sageli "soojaks", afektiivseks meediumiks, mille puhul vorm liimub sisuga kokku. Seda põhjustab illusioon, et tähistatav on fotol autentselt kohal, objekt pildil esineb *sellena, mis ta on*, ning vaataja pääseb läbi pildipinna asjale väga lähedale, otse asja enese juurde (see ongi foto indeksiline loomus). Vahekord fotoga kuumeneb aga veelgi, kui peame seetõttu foto ülesandeks olla mingi ühiskondliku (ja enamasti problemaatilise) suhte tunnistaja ja esitaja. Foto tähenduse määrab sel juhul pigem vaataja hoiak sellesse suhtesse, mitte vorm. Foto mängib afektile, mida mingid ühiskondlikud probleemid meis tekitavad, pannes meid vaatepildile kaasa elama, ning see afekt ujutab foto tähenduse üle. Foto vorm muutub täiesti ebaoluliseks, loeb üksnes see, kuidas vaataja millessegi suhtub—millised afektid ta omaks võtab, s.t kes ta *ise on*. Liikumine vaataja primaarsuse ja vormi hülgamise poole kujutab endast viimase poolsajandi esteetikas laialdast, võib-olla isegi valdavat püüdlust.[2]

Bertolt Brecht, vastupidi, oli varem tundnud muret just selle pärast, et kui me esitame mõnd ühiskondlikku probleemi ja tunneme seejuures kaasa probleemi ohvritele, muutub probleemi enese ilu ja veetlus nähtamatuks.[3] Nii pidi teater tema meelest rõhuma just distantseeritud näitamisele, mitte kaasaelamisele. Kuimeti fotograafia jagab Brechtiga sarnast esteetilist kreedot. Näitamise ja vaatamise situatsiooniteadlikkus on selles olulised. Seetõttu on siin tihti rõhutatult kohal ka need masinad, mis meile pilti näitavad. Kuimet lahutab vormi ja sisu, tema fotod säilitavad kujutatavaga jaheda distantsi. Võiksime seda lähenemist nimetada ka analüütiliseks fotograafiaks.

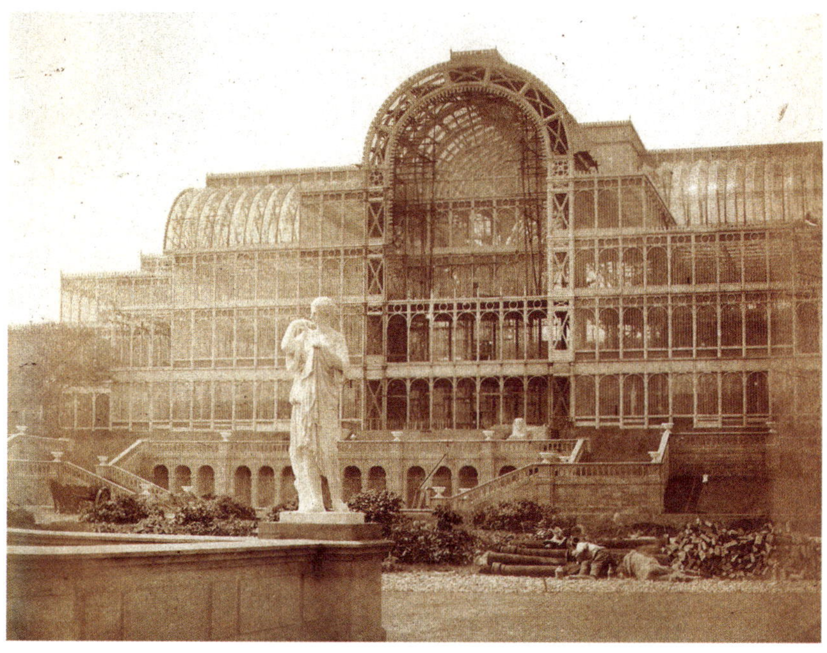

Exterior view of the Crystal Palace. Image from *Die gläserne Arche: Kristallpalast London 1851 und 1854* by Chup Friemert Published by Verlag der Kunst, Dresden 1984.

Kristallpalee eksterjörivaade. Pilt raamatust *Die gläserne Arche: Kristallpalast London 1851 und 1854*, autor Chup Friemert. Väljaandja: Verlag der Kunst, Dresden 1984.

Majandusstruktuuri esteetika

Kui rääkida Kuimeti seeriast "Crystal Grid" (2020–jätkuv), siis peamine küsimus, mille see sari tõstatab, võiks kõlada järgmiselt: kuidas anda struktuur millelegi, millel enesel struktuur puudub? Kuidas midagi sellist presenteerida? See on nähtavuse ja nähtavaks muutmise küsimus. Mille abil teha nähtavaks midagi, mis ise jääb alati nähtamatuks? Täpsemalt: see, mis tegelikkuses jääb nähtamatuks, ent millest "Crystal Grid" laseb meil aimu saada, on kapitalismi struktuur. Ent kuidas midagi sellist esitada?

"Crystal Gridi" seeria fotokollaažid koosnevad maailma eri botaanikaaedades üles pildistatud troopilistest taimedest, kusjuures kollaaži mustrid kujutavad enesest variatsioone Kristallpalee keskløövi katusesõrestikust. Seeria esimene osa koosnes neljast triptühhonist, mille puhul ühe kolmiku fotod vaheldavad üksteise fragmente, mille sõrestik on segi paisanud. Siin osutub kõnekaks ka Kuimeti üldisem loomingulugu. Kuimetit on fotos varemgi huvitanud arhitektuur, seejuures esmajärjekorras mitte niivõrd füüsiline, ehitatud ruum, kuivõrd vaimne või isegi ideoloogiline ruum. Moodsa arhitektuuri lugu on peamiselt klaasi ja terase lugu, mis on saatnud kapitalismi arengut 19. sajandi keskpaigast alates. Ja ükski hoone ei sümboliseeri kapitalismi algset unelmat paremini kui Joseph Paxtoni kujundatud modulaarsüsteemi kasutav 60 000 klaasiga Kristallpalee, mis püstitati 1851. aastal Londonis toimuva maailmanäituse tarbeks

German philosopher Peter Sloterdijk finds that global capitalism truly reached its full form with the Crystal Palace, a strange and artificially climatised building from which it was difficult to understand where the interior space exactly begins or ends, drawing through this magical trickery both nature and culture into a psychedelic capitalist immanence, transfigured by luxury and cosmopolitanism.[4] From there onwards it is difficult to comprehend how deep or far the grasp of capital goes, so its effect tends to seem random and inevitable.

The tropical plants of the *Crystal Grid* series initially also evoke a sense of arbitrariness. On the one hand, this is because nature is often seen as something random, luscious, arising spontaneously from its own essence; and on the other, because if we have no knowledge of the origins of the grid that structures these photographs, the patterns of the collage also seem arbitrary to us. It is in this combination of meticulous order and arbitrariness where the key to the series lies. The geometrical photocollages of *Crystal Grid* provoke an illusion of arbitrariness, but arbitrary is precisely what they are not, in the same way that neoliberal architecture creates an impression of lightness and immateriality, which it actually is not (the construction of the Crystal Palace included 4,000 tonnes of iron) or how neoliberal society wants to appear transparent (i.e., providing equal opportunity), which it yet also is not.[5]

So the collage of tropical leaves no longer presents itself as a graphical aesthetic structuring the surface of the print, but rather as a refracted view through the symbolic grid of the capitalist dream. In short, it seems to reveal itself as an ideological gaze on nature. But the image of positing this authoritarian economic structure and innocent nature as opposites is also insidiously deceptive. As the photographs were taken in botanical gardens, it must be noted that we are here presented with cultured nature, the kind that is cultivated and exhibited for human consumption, just like in the first Crystal Palace, where the highest achievements of technological and cultural production of the leading industrial countries were displayed. We have been drawn into a true simulacrum, a room of mirrors, where the original phenomenon is lost. When we think we are encountering nature (i.e., matter), it is still, in fact, culture, shown to us through the symbolic prism of a dominating economic structure (i.e., historical materialism). The photographs incorporate in its form the interweaving of two social structures—cultural and economic—through which the beauty of plant leaves, disregarding the existence of any kind of culture or ideology, still reveals itself.

That is, *Crystal Grid* is a series that focuses on the relationship between aesthetic autonomy and economic structure. This means that when we say that neoliberalism is a regime that shapes the networks of our everyday experience, driving us to compete with each other, and that architecture creates an environment to facilitate that competitive ethos, *Crystal Grid* becomes a work that strives to make that environment visible by giving form to the formlessness that surrounds us. Aesthetic autonomy is expressed here in the fact that Kuimet's work does not dictate what our attitude towards global capitalism should be.

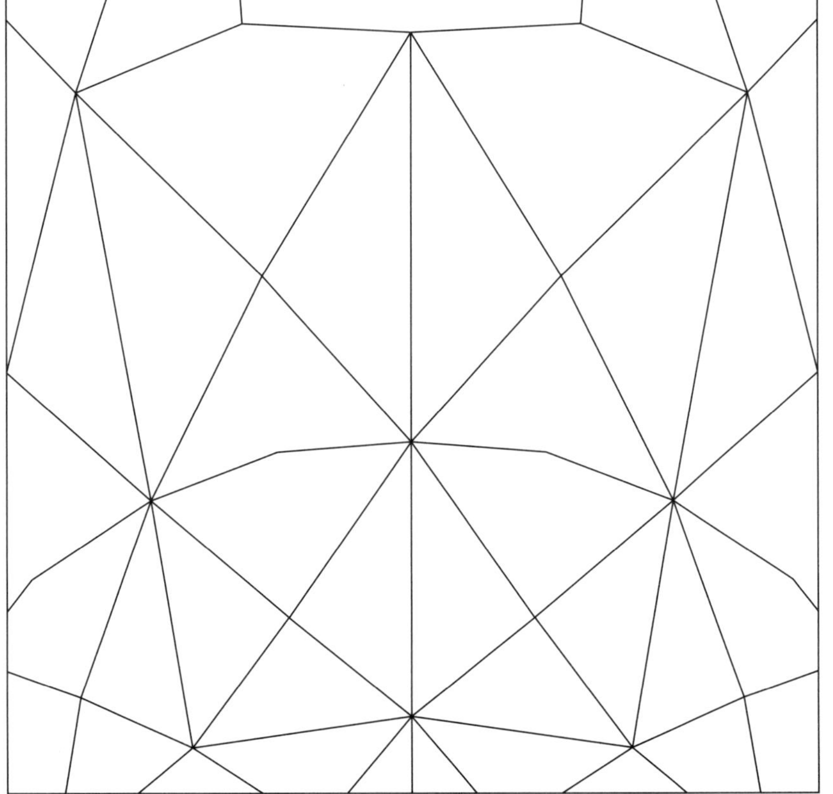

Grid for *Crystal Grid* based on the roof structure of the central transept of the Crystal Palace.

Kristallpalee lae ristlöövi struktuurist tuletatud sõrestik teose *Crystal Grid* jaoks.

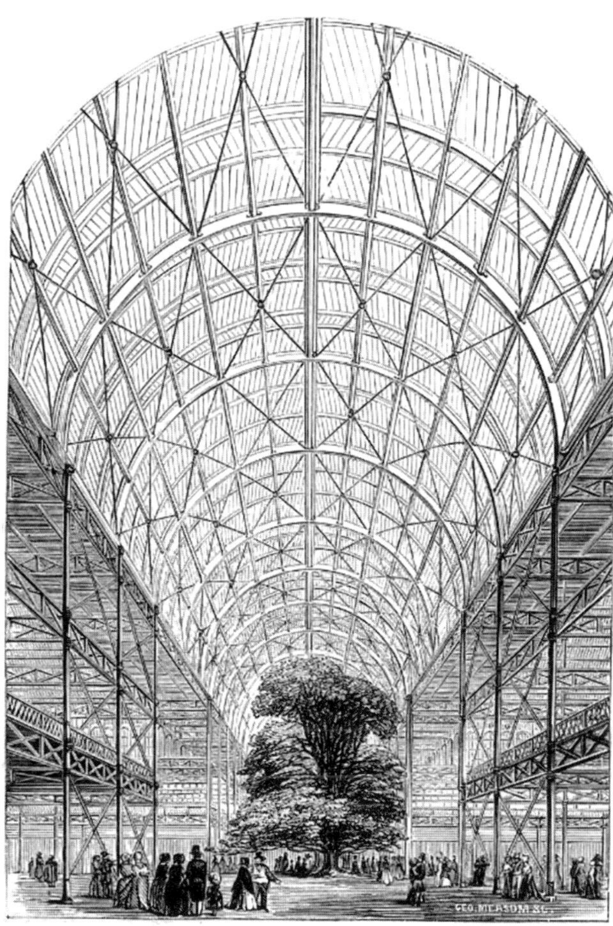

Interior of the transept of the Crystal Palace. Image from *The Crystal Palace: Its Architectural History and Constructive Marvels* by Peter Berlyn and Charles Fowler. Published by James Gilbert, London 1851.

Interjöörivaade Kristallpalee ristlöövile. Pilt raamatust *The Crystal Palace: Its Architectural History and Constructive Marvels*, autorid Peter Berlyn ja Charles Fowler. Väljaandja: James Gilbert, London 1851.

Hyde Parki ning koliti seejärel Lõuna-Londonisse, kus see seisis 1854. aastast 1936. aasta 30. novembrini, mil see suures tulekahjus hävis. “See on ühe ajastu lõpp,” lausus paljude teiste hulgas tulekahju vaatama tulnud Winston Churchill, jättes küll täpsustamata, mis ajastu lõppu ta selle all silmas pidas. Igatahes ei olnud tegu kapitalismiajastu lõpuga. Saksa filosoof Peter Sloterdijk leiab, et globaalne kapitalism sai tõeliselt valmis nimelt koos Kristallpaleega, kummalise ehitisega, milles viibides on raske tajuda, kust algab ja kus lõpeb siseruum, ning mis tõmbab selle maagilise silmamoondusega nii looduse kui ka kultuuri ühte psühhedeelsesse kapitalistlikku seesmusse, mida valitsevad luksus ja kosmopoliitsus.[4] Sellest alates on raske tajuda, millistesse maailma kihistustesse või tasanditele kapitali haare ulatub ning tema toime tundub juhuslik ja paratamatu.

Ka troopilised taimed “Crystal Gridi” seerias jätavad esmapilgul mulje juhuslikkusest. Ühelt poolt seetõttu, et loodust tajutaksegi sageli millegi juhusliku, lokkava, enesest puhkevana, teiselt poolt seetõttu, et kui me neid fotosid organiseeriva sõrestiku päritolu ei tea, siis näivad ka kollaaži mustrid meile juhuslikena. Ning selles läbiva korrastatuse ja juhuslikkuse koosmõjus peitubki selle seeria võti. “Crystal Gridi” geomeetrilised fotokollaažid loovad ettekujutuse juhuslikkusest, aga ei ole seda, analoogselt sellega, kuidas neoliberaalne arhitektuur loob ettekujutuse õhulisest ja immateriaalsusest, ehkki tegelikult ei ole seda (Kristallpalee konstruktsioonis oli kasutatud üle 4000 tonni rauda), või kuidas neoliberaalne ühiskonnakorraldus loob ettekujutuse läbipaistvusest (võimaluste võrdsusest), aga tegelikult ei ole seda.[5]

Nii ei ilmne troopiliste lehtede kollaaž enam lihtsalt väljatrüki pinda organiseeriva graafilise esteetikana, vaid pilguna läbi kapitalistlikku unelmat sümboliseeriva sõrestiku. Ühesõnaga, see näib ilmnevat ideologiseeritud pilguna loodusele. Kuid ka see kujutlus, mis vastandab autoritaarset majandusstruktuuri ja süütut loodust, on salakavalalt petlik. Kuna pildistatud on botaanikaaias, siis tuleb tähele panna, et meile esitatakse siin juba kultuuristatud loodust, valitud, kultiveeritud ja inimesele vaatamiseks välja pandud loodust, nii nagu esimeses Kristallpalees eksponeeriti juhtivate riikide tööstusliku ja kultuurilise toodangu tippsaavutusi. Meid on haaratud tõelisse simulaakrumisse, peeglite ruumi, kus algupärane fenomen kaduma läheb. Ka seal, kus arvame fotol kohtavat loodust (s.t mateeriat), on tegu siiski kultuuriga, mida näidatakse meile läbi ühe domineeriva majandusstruktuuri (s.t ajaloolise materialismi) sümbolprisma. Foto sisaldab oma vormis kahe ühiskondliku struktuuri—kultuurilise ja majandusliku—läbipõimitust, mille vahelt ei jää ometi esile tulemata ka taimelehtede endi ilu ja teadmatus igasuguse kultuuri või ideoloogia olemasolust.

Ehk siis, “Crystal Gridi” puhul on meil tegemist seeriaga, mis puudutab esteetilise autonoomia ja majandusstruktuuri suhteid. See tähendab, et kui me ütleme, et neoliberalism on režiim, mis kujundab meie igapäevaste kogemuste võrgustikku, muutes meid üksteise suhtes konkurentideks, ning arhitektuur loob sellise võitluse jaoks sobiva keskkonna, siis “Crystal Grid” on

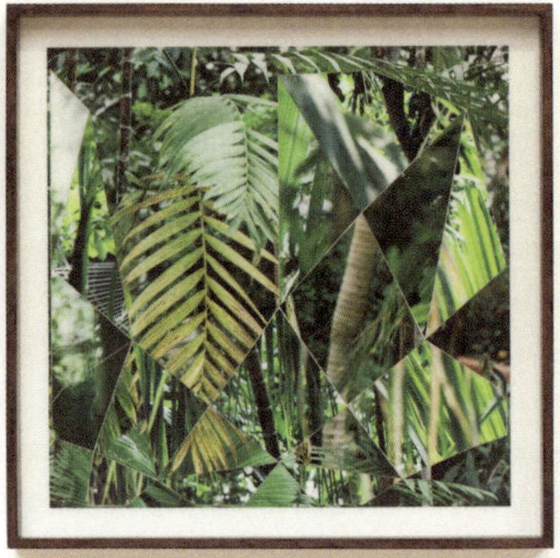
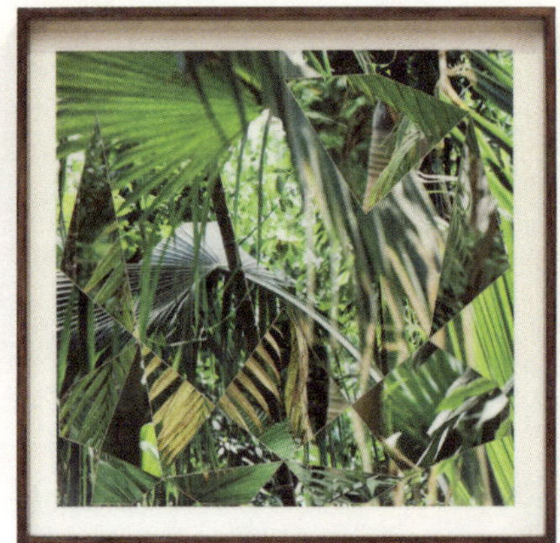
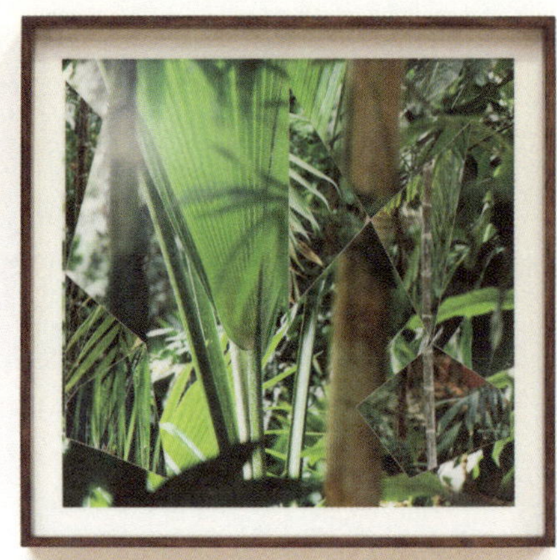

Crystal Grid 13–15 (Meise-Ghent-Bronx), 2021, photocollage, C-print on aluminium composite, epoxy resin, each 47.5 × 47.5 cm

Crystal Grid 13–15 (Meise-Ghent-Bronx), 2021, fotokollaaž, kromogeenne värvifoto alumiiniumkomposiidil, epoksüvaik, à 47.5 × 47.5 cm

His approach is not critical, but analytical. As if with a cool scalpel, he cuts into the tissue of the working mechanisms of capitalism (represented by neoliberal architecture), which are often depicted in a much more direct and affective manner (for example, by presenting the appalling situation of people pushed to the margins of society, etc.), while remaining much shallower, as in works that are solely dependent on the attitude of the viewer.

Interference in the cost-effective world

So there is no way Kuimet's approach could be considered documentary (which tends to veer towards moralising from the very beginning) even when he photographs objects from our everyday environment, such as the series *A Brief History of Scaffolding* (2020–ongoing), which depicts steel pipe scaffolding legs from one and the same angle. Here, too, the question is more about aesthetics: to show us how even in the seemingly most insignificant architectural phenomena—the primary aim of which is to produce maximum profit with minimum expense—sculptural situations appear that do not harmonise with this cost-effective world. Borrowing from the lexicon of classical aesthetics, we could say that, in these photographs, beauty appears in objects and situations that should stand completely outside beauty, in objects that are by design focused on optimising costs (while also inevitably presenting certain creativity required to quickly conquer a tedious stage of work). So here the question of making visible seems to be turned on its head. While *Crystal Grid* makes visible the invisible economic structure in all its incomprehensibility through the beauty of tropical plants, *A Brief History of Scaffolding* uses economics to make visible the beauty and harmony in things that should have nothing to do with beauty—beauty that otherwise remains invisible in our daily interactions with these objects. To an extent, scaffolding as the elementary and base unit of a real-estate economy is already an appropriate symbolic signifier, but it is in the crossing of the aesthetic and the absolutely practical (and thus, bluntly, the non-aesthetic) spheres that the work's dialectical potential is realised.

Aesthetic form and the experience of space

This is also the reason Kuimet's photography has been seen as a practice that, instead of establishing a quality of being documentary, moves towards painting,[6] and why Kuimet does not consider himself to be a documentarian but an artist.[7] In brief: his works cannot be properly understood without comprehending the significance of aesthetic form; their meaning is structured by the artist's emphasis on the interior (often social) contradictions in the visible that are highlighted by the very form of the artworks. This also explains why Kuimet, who almost exclusively works with analogue tools and whose displays often pointedly highlight the material aspects of photography (celluloid film, projectors, teos, mille taotlus on meile seda keskkonda ilmutada—ilmutada seda just oma esteetilise autonoomia toel, andes vormi sellele, mis meid igapäevaselt ilma vormita ümbritseb. Esteetiline autonoomia seisneb siin selles, et Kuimeti teos ei ütle, mis hoiaku me globaalse kapitalismi suhtes peaksime võtma. Tema lähenemine ei ole kriitiline, vaid, nagu alguses määratletud, analüütiline. Ta lõikab otsekui jahe skalpell kapitalismi toimimismehhanismi koesse (mida representeerib neoliberaalne arhitektuur), mida tihti on kombeks kujutada palju otsesemas ja afektiivsemas vormis (näiteks esitades meile ühiskonna hammasrataste vahele jäänud inimeste trööstitut olukorda jne), jäädes seejuures aga palju pinnapealsemaks, kuna sellised teosed sõltuvad üksnes vaataja suhtumisest.

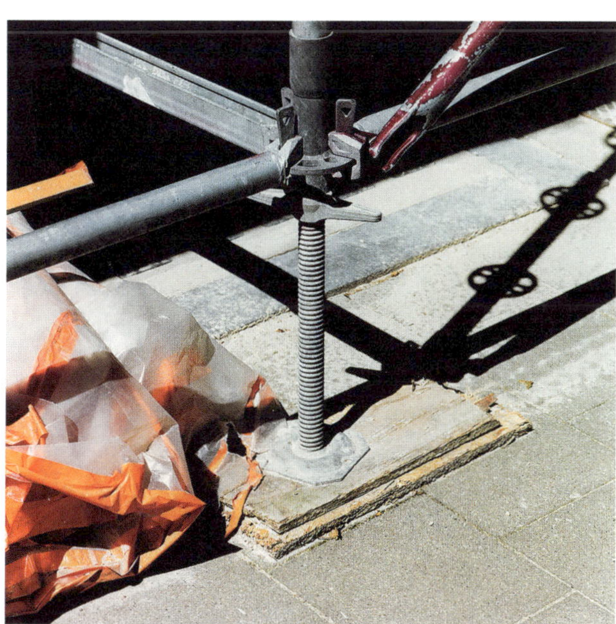

A Brief History of Scaffolding 1 (Brussels, sun), 2020, C-print, 48 × 48 cm

A Brief History of Scaffolding 1 (Brussels, sun), 2020, kromogeenne värvifoto, 48 × 48 cm

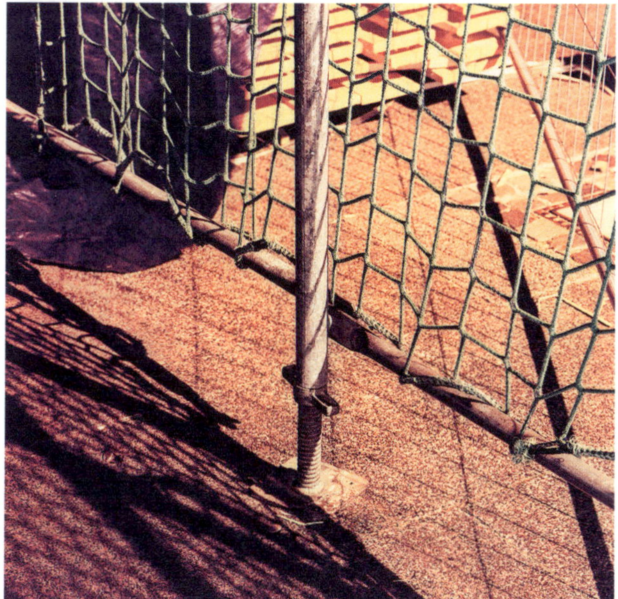

A Brief History of Scaffolding 2 (Frankfurt am Main), 2020, C-print, 48 × 48 cm

A Brief History of Scaffolding 2 (Frankfurt am Main), 2020, kromogeenne värvifoto, 48 × 48 cm

Häire kuluefektiivses maailmas

Kuimeti lähenemist ei saa niisiis kuidagi pidada dokumentaalseks (millel on kalduvus juba eos langeda moraalilugemisse), ja seda isegi siis, kui ta pildistab esemeid meie igapäevasest keskkonnast, nagu seerias "A Brief History of Scaffolding" (2020–jätkuv), mis kujutab ühest ja samast rakursist erinevaid terastorudest tellingujalgasid. Pigem on küsimus siingi esteetiline: näidata meile, kuidas pealtnäha kõige tähtsusetumates arhitektuurinähtustes, mille eesmärk on toota väikseima kuluga võimalikult suurt tulu, ilmnevad skulpturaalsed situatsioonid, mis ei kõla tolle kuluefektiivsusele suunatud maailmaga kokku. Klassikalise esteetika sõnavara laenates võiks öelda, et neil fotodel ilmneb ilu objektides või olukordades, mis peaksid seisma täielikult väljaspool ilu—peaksid tegelema üksnes kulu optimeerimisega (presenteerides seejuures tahes-tahtmatult ka teatavat loomingulisust, mida tüütu tööfaasi kiiresti toimima panemine nõuab). Nii on nähtavaks muutmise küsimus siin võrreldes "Crystal Gridiga" justkui pahupidi keeratud. Kui "Crystal Grid" muutis troopiliste taimede ilu kaudu nähtavaks oma hoomamatuses nähtamatu majandusstruktuuri, siis "A Brief History of Scaffolding" muudab majandusökonoomia kaudu nähtavaks ilu, mis meile asjadega igapäevases ümberkäimises jääb nähtamatuks—näidates meile ilu ja harmooniat asjades, millel ei tohiks olla iluga mingit asja, kuna neil peaks olema koht ainult majandussüsteemis. Mingil määral sobivad tellingud kui kinnisvaramajanduse omamoodi alg- ja algelisim ühik juba iseenesest selle valdkonna sümboltähistajana, ent just esteetilise ja puhtpraktilise (ja seega otsesõnu mitte-esteetilise) sfääri ristumises avaneb teose dialektiline potentsiaal.

Esteetiline vorm ja ruumikogemus

See on ka põhjus, miks Kuimeti fotograafiat on peetud praktikaks, mis dokumentaalsuse kehtestamise asemel liigub hoopis maalikunsti poole,[6] ning miks ka Kuimet ise ei pea end dokumentalistiks, vaid ikkagi kunstnikuks.[7]

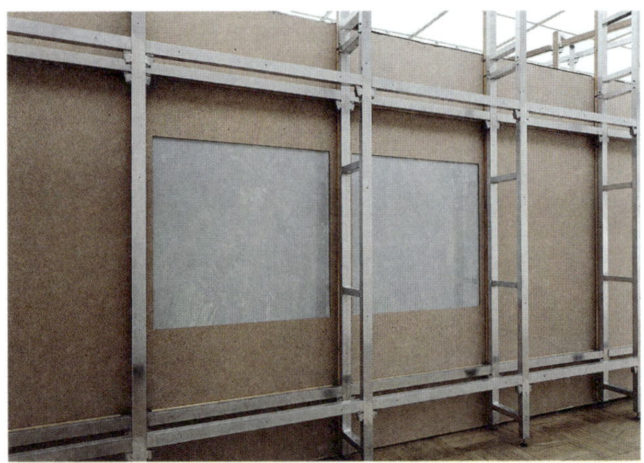

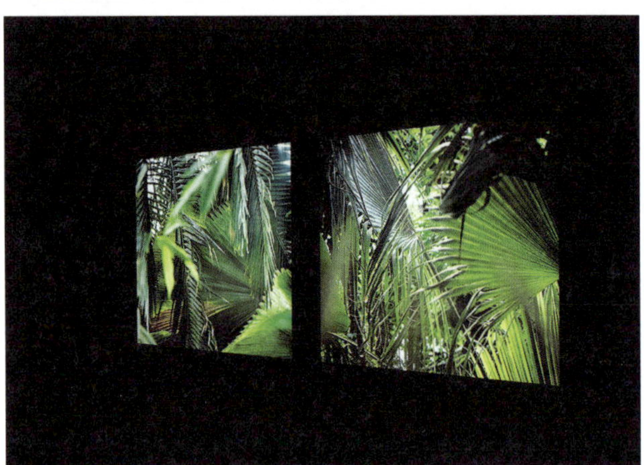

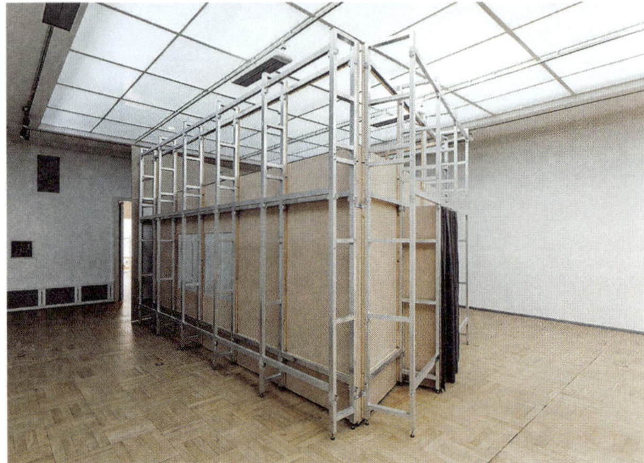

Untitled (Main Hall), 2020, photographic installation, daylight, aluminium wall structure, MDF, four inkjet transparencies mounted onto acrylic glass, each 107 × 107 cm (installation views, Tallinn Art Hall, 2020)

Untitled (Main Hall), 2020, foto-installatsioon, päevavalgus, alumiiniumist seinastruktuur, MDF, neli foto-transparenti akrüülklaasil, à 107 × 107 cm (installatsiooni-vaated, Tallinna Kunstihoone, 2020)

the noise of the devices), does not want to draw too much attention to this fact. Analogue photography is often associated with the indexicality of photography, with the "authentic" presence of the object of photography and a nostalgic longing for the past. This is a tradition that Kuimet mostly distances his practice from—the analogue quality and its presentation are clearly in the service of aesthetic distancing, a sign of acknowledging the fundamental technical infrastructure of photography.

Sometimes the situational awareness of Kuimet's photography encompasses the whole exhibition space and the experience of looking itself becomes spatial. *Untitled (Main Hall)* (2020) consisted of a darkened room built into the main space of Tallinn Art Hall with images of plants (this time not broken into collages) photographed in different botanical gardens acting as "windows," so that the photographs became visible thanks to natural light emanating from the exterior space. For decades, the lightbox has been one of the central mediums of photography with its controlled flow of light radiating from inside out, in some sense symbolising an authoritarian viewing regime. Here, the light box experience seems to almost have been turned inside out: what is visible is contingent on outside light and not on an established regime, thus seeming non-artificial. This, in turn, is reminiscent of the Crystal Palace and the architecture it inspired—buildings that in their glass transparency were meant to create an impression of natural lighting, while still letting the person on the inside to see only what was allowed. Therefore, the illusion of exiting an authoritarian viewing regime becomes deceptive, light is here naturalised, adapted to its new accommodations.

The space was activated in another manner in *What It Is to Be What You Are Not* (2022), exhibited at the Tallinn Botanic Garden. This is a series of luminograms[8] with an added layer of dried plant leaves sourced from the same botanical garden pasted on top, while the composition of the works uses geometric forms abstracted from the already discussed crystal grid. In the coexistence of the luminogram and dried plants a fascinating mirror image appears. Essentially, live plants feed on light via the photosynthesis that is mainly carried out by the leaves. A dried leaf no longer feeds on light, whereas in the case of luminograms, it is the surface of the image that essentially feeds on it. A luminogram internally transforms as it is exposed to light, making visible everything that remains outside the dried leaves on which the light no longer has an internal effect. The luminograms were positioned by Kuimet in front of the tropical permanent exposition at the botanical garden in such a way that everything outside the frame also became part of the artwork. A kind of Copernican turn took place. While in the

Lühidalt: tema töid ei ole võimalik mõista ilma ettekujutuseta esteetilise vormi tähtsusest; nende tähendust struktureerib kunstniku panus nähtava seesmistele (tihti ühiskondlikele) vastuoludele, mille just teoste vorm esile toob. See selgitab ka, miks Kuimet, kes töötab peaaegu eranditult analoogvahenditega ning kelle väljapanekutes on foto materiaalsed aspektid (filmilindid, projektorid, nende tekitatud müra) tihti rõhutatult esil, ei taha ise seda asjaolu eriliselt rõhutada. Asi on selles, et analoogfotograafiat seostatakse tihti foto indeksilisusega, pildistatava "autentse" kohalolu ja minevikuhõllandusega, see on aga traditsioon, millega Kuimet oma praktikat enamasti siduda ei taha. Analoogsus ja selle presenteerimine on siin selgelt esteetilise distantseerimise teenistuses, foto tehnilise infrastruktuuri teadvustamise märk.

Teinekord hakkab Kuimeti fotograafia situatsiooniteadlikkus hõlmama tervet ruumi, vaatamiskogemus ise muutub ruumiliseks. Teos "Untitled (Main Hall)" (2020) kujutas enesest Tallinna Kunstihoone peasaali ehitatud pimendatud ruumi, mille "akendeks" olid eri botaanikaaedades pildistatud taimed (seekord kollaažideks murdmata), nii et fotod tulid nähtavale välisruumist kiirguva loomuliku valguse toel. Juba aastakümneid on fotokunsti üheks keskseks meediumiks olnud valguskast, mille seestpoolt väljapoole suunatud kontrollitud valgusvoog sümboliseerib omal moel autoritaarset vaatamisrežiimi. Valguskastikogemus on siin justkui pahupidi keeratud: see, mis on näha, on nüüd sõltuv välisvalguse sattumuslikkusest, mitte mingist kindlast režiimist, ja näib seega mittekunstlikuna. See omakorda tuletab meelde Kristallpalee ja sellest inspireeritud arhitektuuri, mis pidid oma läbipaistvuses samuti jätma mulje loomulikust valgustatusest, lastes sees viibijal ometi näha just seda, mis ette nähtud. Nii osutub autoritaarsest vaatamisrežiimist väljumise illusioon petlikuks, valgus on siin naturaliseeritud, oma uue elupaigaga kohandatud.

Teisel moel lülitus ruum teosesse Tallinna Botaanikaaias eksponeeritud seerias "What It Is to Be What You Are Not" (2022).

What It Is to Be What You Are Not, 2022, assemblage, C-print on aluminium composite, leaves, epoxy resin, each 70 × 55 cm (installation views, Tallinn Botanical Garden, 8th Artishok Biennial, 2022)

What It Is to Be What You Are Not, 2022, assamblaaž, kromogeenne värvifoto alumiiniumkomposiidil, lehed, epoksüvaik, à 70 × 55 cm (installatsioonivaated, Tallinna Botaanikaaed, 8. Artishoki Biennaal, 2022)

Selle seeria näol on tegu luminogrammidega,[8] mille peale on kleebitud samast botaanikaaiast korjatud kuivanud lehti, kusjuures teoste komponeerimisel on kasutatud meile juba tuttavast kristallsõrestikust tuletatud geomeetrilisi vorme. Luminogrammi ja kuivanud taimede koosolus ilmneb huvitav peegelpilt. Taimed toituvad oma eluajal olemuslikult valgusest, kusjuures fotosünteesi teostavad peaasjalikult taimede lehed. Kuivanud leht aga valgusest enam ei toitu, küll toitub sellest luminogrammi puhul olemuslikult valgusele paljastatud pildipind. Luminogramm muundub seesmiselt valguse mõjul, muutes nähtavaks kõik selle, mis jääb pildil väljaspoole kuivanud lehti, millele valgus seesmiselt enam ei mõju. Seejuures olid luminogrammid asetatud botaanikaaia püsiekspsonaadist troopika ette nii, et ka raamist väljapoole jääv muutus kunstiteose osaks. Toimus omamoodi koperniklik pööre. Kui galerii kontekstis on taust staatiline

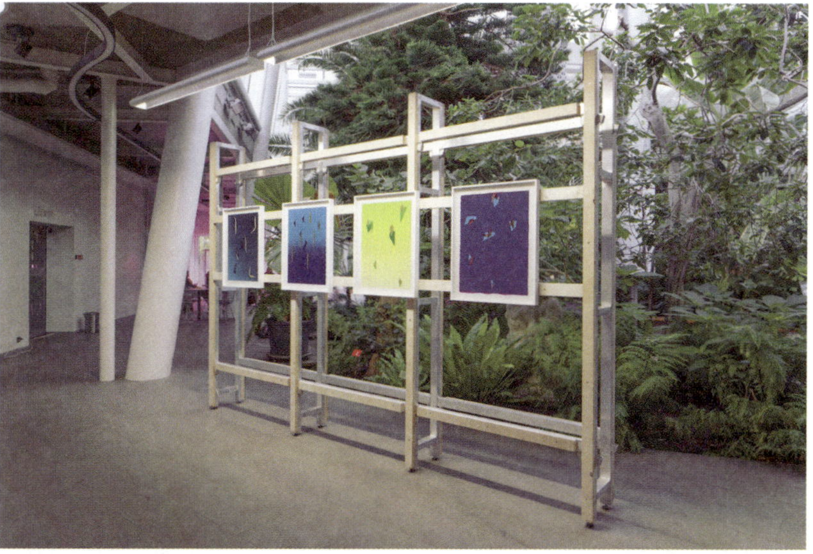

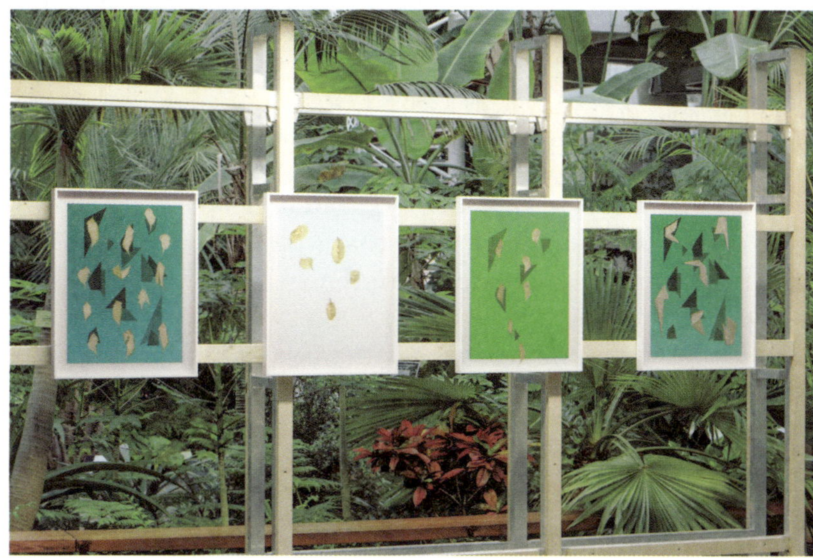

context of a gallery the background is static and the viewer moves around the works, here it was possible to achieve an effect where the work stands still but the background moves around it and actively links with the work. The "natural" background now becomes alienated; it will be experienced through art.

Landscape and the politics of class difference

Paul Kuimet's and Tõnis Saadoja's duo exhibition *Landscape Passes Through the House* (2023) at Tartu Art Museum tried to find an answer to the question of whether the landscape can be experienced through art at all. In this exhibition, the artists looked at both the physical landscape itself and the traditions of landscape portrayal and regimes of landscape perception established over time. The main aesthetic intrigue of the exhibition was, of course, that a contemporary perspective on landscape has foregone all of its previous historical functions. A certain bewilderment in the reception of the exhibition was truly telling. Why? Just like with monumental art, the problem of nature photography or landscape painting these days lies within. When it comes to monumental art, its biggest issue is its monumentality, which makes us ask whether a person or an event should indeed be highlighted in such an authoritarian-seeming manner. For nature photography the question then becomes whether or not nature should, in the twenty-first century, be represented in such a way, seemingly without any additional interest, or whether this is even possible? Is photography capable of offering us a gaze free of social interest, a non-politicised gaze? This has been one of the most pressing concerns in photography over the past few decades as there are authors who find that, due to its technical nature, photography cannot be separated from certain social dependencies that were historically expressed in class difference (i.e., the fact that not everyone had access to taking photographs). Yet today with mass access to photographic tools we find ourselves in a situation where photography seems to have moved past social class distinctions or barriers and everyone is free to take their own photos. The accumulating mass of

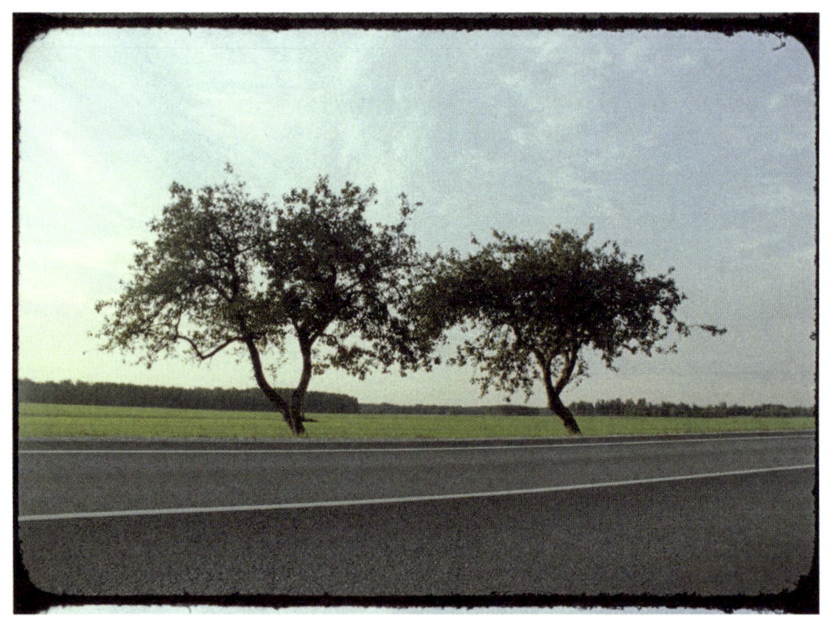

Two Trees (1), 2023, 16 mm film projection, 4 min 30 s loop (film still)

Two Trees (1), 2023, 16 mm filmiprojektsioon, 4 min 30 s loop (kaader filmist)

photographs that largely consists of digital garbage clogging servers (most of these photographs will probably be never looked at again) seems to be void of any kind of social interest, trying to manifest the same banal sentiment in a million different ways: "It's ME, I was here, it's mine!" The subject of the image (not necessarily the author of the photograph) appropriates the view and ties it to their own experience or perspective. This position seamlessly fits into the neoliberal economic model that values privatisation and highlights the individual in every possible way ("The only thing that matters is you!"), as if overcoming poverty is merely a question of willpower. In a way, the privatised view once again makes the class difference significant—since nobody else besides the subject of the photograph has access to the meaning of the image, two classes are established: mine and everyone else's.

Kuimet's nature photography strives towards removing any kind of "subjective experience," only preserving the form. This is pointedly a landscape stripped of all social layers and left only with the raw relationship between nature and the means for its material documentation (film strip). Looking at the trees silently moving on the side of a highway (presented via two 16 mm film loops),[9] the film's idiosyncrasies and defects become clearly visible, creating parallel random movements alongside the random movement of the trees. To be fair, the point of this approach is to render

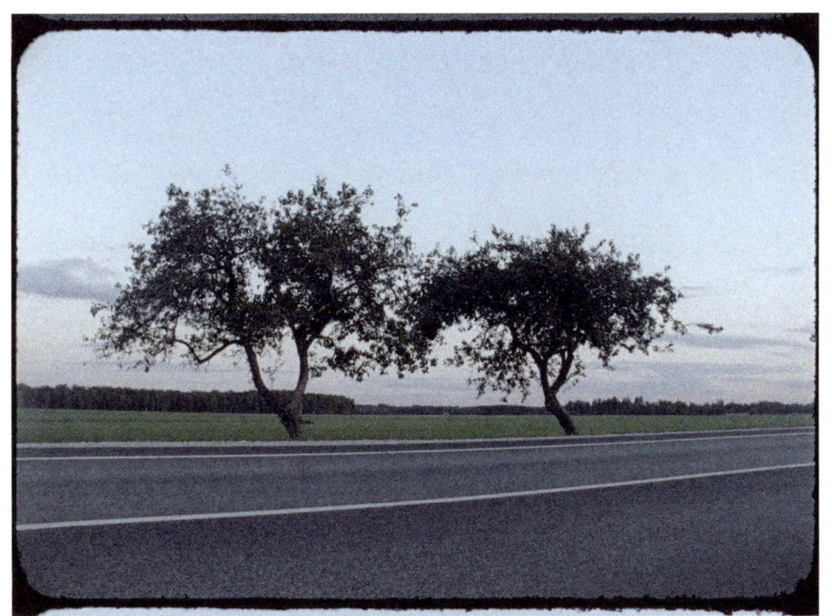

Two Trees (2), 2023, 16 mm film projection, 2 min 42 s loop (film still)

Two Trees (2), 2023, 16 mm filmi-projektsioon, 2 min 42 s loop (kaader filmist)

ja vaataja liigub ümber teoste, siis selle teose puhul oli võimalik tekitada efekt, kus teos seisab paigal, aga kogu taust liigub ümber selle, lülitudes aktiivselt teosesse. "Naturaalne" taust saab nüüd võõritatud, seda kogetakse kunsti kaudu.

Maastik ja klassierinevuse poliitika

Küsimusele, kas maastikku on üldse võimalik kogeda kunsti kaudu, püüdis vastata Paul Kuimeti ja Tõnis Saadoja ühisnäitus "Maastik kulgeb läbi maja" (2023) Tartu Kunstimuuseumis. Sellel näitusel tegelesid kunstnikud nii maastiku enese kui ka maastiku kujutamise traditsioonidega, aegade jooksul kinnistunud maastiku tajumise režiimidega. Näituse peamine esteetiline intriig seisnes mõistagi selles, et maastiku kujutamine on tänapäevaks minetanud kõik need funktsioonid, mis tal ajalooliselt on olnud. Väga kõnekaks osutuski teatav nõutus, mis näituse retseptsiooni läbis— maastiku kujutamise kohta ei ole tänapäeval justkui eriti midagi öelda. Miks? Nii nagu monumentaalkunsti puhul, on ka loodusfoto või maastikumaali puhul probleem temas eneses. Kui monumentaalkunsti probleem on tema monumentaalsus, mis tõstatab küsimuse, kas üht või teist isikut või sündmust tuleks ikka sellisel autoritaarselt mõjuval viisil esile tõsta, siis loodusfoto puhul on küsimus selles, kas 21. sajandil peaks üldse loodust sellisel moel, justkui ilma mingi nähtava kaashuvita representeerima, või kas see on üldse võimalik. Kas foto suudab meile pakkuda ühiskondliku huvita, mittepolitiseeritud pilku? See on üks viimaste kümnendite fotograafia teravamaid küsimusi, sest leidub autoreid, kelle arvates ei saa fotot juba ainuüksi tema tehnilise loomuse tõttu lahutada teatud ühiskondlikest sõltuvusseostest, mis ajalooliselt väljendusid teatavas klassierinevuses—asjaolus, et igaühel polnud võimalik pildistada. Ometi oleme me tänapäeval olukorras, kus fotograafia näib olevat klassid kaotanud ning igaühel on juurdepääs fotode tegemisele. Fotomassiivid, mis suures osas kujutavad enesest lihtsalt servereid koormavat digitaalset prügi (tõenäoliselt ei vaadata enamikku neist fotodest kordagi), näivad seejuures olevat ilma igasuguse ühiskondliku huvita, püüdes miljonil eri moel manifesteerida üht banaalset sisu: "MINA olin siin!" Pildi subjekt (see ei pea enam tingimata isegi olema klõpsu autor) omastab vaatepildi, seob selle tihedalt enda minakogemusega— see on vaade, mis MULLE või MINUST mingil ajahetkel on avanenud, minu oma. Niisugune positsioon sobib aga ladusalt kokku neoliberaalse, privatiseerimist väärtustava majandusmudeliga, mis tõstab igal võimalikul viisil esile isiklikku ("*The only thing that matters is you!*"), justkui oleks vaesuse ületamine üksnes pealehakkamise küsimus. Privatiseeritud vaatepilt muudab omal kombel klassierinevuse taas aktuaalseks: kuna pildi tähendusele pole peale foto subjekti juurdepääsu kellelgi teisel, kehtestub kaks klassi: minu ja kõigi teiste oma.

Kuimeti loodusfotograafia ent püüab igasuguse "minakogemuse" eemaldada, säilitades üksnes vormi. See on rõhutatult maastik, puud või oja, millelt on kogu ühiskondlik kihistus riisutud ning millele on alles jäetud maastiku ja teda materiaalselt talletava (filmilindi) toores suhe. Maantee serval hääletult liikuvate puude juures (mida esitavad kaks 16 mm filmi *loop*'i)[9] tulevad rõhutatult esile filmi eripära ja defektid, mis moodustavad oma juhuslikkuses puude juhusliku liikumisega paralleelse liikumise. Õieti ongi niisuguse käsitluse mõte muuta looduse puhul küsimus kuulumisest ja omandist ebaoluliseks, vaatepilt jääb täiesti anonüümseks. Ka siin kaob klassierinevus,

the question of belonging and property insignificant, the view remains completely anonymous. Here, too, class difference disappears but not because everyone has access to photography (though not many may have the skills to create such an image) but on the contrary, because access to the meaning of the image is limited, making everyone ostensibly equal before the view. While snapshots usually have an aim, a will that they need to execute on behalf of a select group of people (the best example here is family photos), this type of image of landscape seems to be an entity without a will that does not reveal its meaning to anybody but keeps it to itself—it dwells within itself.

As such and as a counterbalance to the dominant neoliberal value system, the image of a landscape presents something akin to the so-called pure expenditure,[10] meaning that the amount of resources spent to achieve it (we can consider the entire evolution as resource) disproportionally exceeds any profit it may produce (close to zero). As is the case with classical aesthetic objects, here the efficacy of the artwork is no longer predicated on the addition of an expression or movement to the image but rather on radical indifference or withdrawal. In other words, the efficacy is predicated on the distance between the two structures—the landscape and the viewer—that we have no point to call anything other than an aesthetic distance. And even if an image of nature, a paysage with all of its historic baggage, tends to have a poetic effect on us, stepping outside the economics of meaning in this way is also undoubtedly a political gesture.

*

I took a longer look at the question of passive images of landscape because much of what I wrote also applies to many other Kuimet's works. To conclude, I will return to my previous claim that Kuimet's work cannot be understood without an understanding of the aesthetic form that structures his pieces and a focused emphasis on the contradictions that are revealed in the visible. His practice does not directly address social content but instead demonstrates how images work—what they do, by which means they do it, and what meaningful oppositions they allow for. But these formal pursuits clearly stand in the context of contemporary political economy. By casting light onto the structures in which both people and art constantly dwell, they direct our heightened attention towards these very same structures. And vice versa: Kuimet's practice emphasises that if we want to meaningfully discuss society, capitalism, political economy, etc., we should do it in the framework of precisely the type of artistic concept that takes aesthetic form and its significance into account. Encouraging this kind of sensitivity towards nuance is the aim of Kuimet's "cold" photography—this also being one of the contemporary effects that art is ultimately capable of offering at all.

1 Anti Saar, "Mul on sinu järele igav," *Postimees. Kultuur*, April 14, 2023, https://kultuur.postimees.ee/7753375/arvustus-mul-on-sinu-jarele-igav.

2 American literary theorist Walter Benn Michaels has dedicated a whole book to the trend that prioritises the meaning given by the viewer, and to works that in his view oppose this trend: Walter Benn Michaels, *The Beauty of a Social Problem: Photography, Autonomy, Economy* (Chicago: The University of Chicago Press, 2015).

3 Brecht's notes in the English edition: Bertolt Brecht, *Mother Courage and Her Children*, trans. John Willett, eds. John Willett and Ralph Manheim (New York: Arcade Publishers, 1994), 122.

4 Peter Sloterdijk, *In the World Interior of Capital*, trans. Wieland Hoban (Cambridge, UK: Polity Press, 2013), 169–170.

5 In other words, the structure of neoliberalism as such already includes a variety of "glass ceilings." Historically, in the women's movement the image of the glass ceiling was used to signify all kinds of invisible social barriers that hindered women's progress. It has also been adapted to other minority groups. However, in a neoliberal world, it does not make a difference whether you are a man, a woman, gay, or belong to another minority group, your seeming opportunities to move up in the world (i.e., to get rich) are constantly curbed by yet another barrier that you encounter, not because of your own lack of trying but due to the way neoliberalism is structured.

6 Tõnu Karjatse, "Paul Kuimet: Avalikus sfääris on iga kunstiline žest poliitiliselt laetud," kultuur.err.ee, March 26, 2023, https://kultuur.err.ee/1608925970/paul-kuimet-avalikus-sfaaris-on-iga-kunstiline-zest-poliitiliselt-laetud.

7 Neeme Lopp in conversation with Paul Kuimet during FotoTallinn at Kai Art Center, September 2, 2021.

8 A luminogram is a variant of a photogram created by exposing photosensitive material to light without using objects.

9 Paul Kuimet, *Two Trees (1)* and *Two Trees (2)* (both 2023).

10 Georges Bataille, *The Accursed Share* (1949; New York: Zone Books, 1988). In his book *La part maudite* (*The Accursed Share*), Bataille considered the surplus (energy) of all kinds of economy as pure expenditure—"the accursed share"—that needs to be expended in the grandest and most beautiful way possible (i.e., in art) but also by just merely luxuriously spending it. Otherwise it would still be released but with scarier and uglier consequences.

Neeme Lopp (1980) is a researcher and publisher at the Estonian Academy of Arts. He has compiled, edited, and translated books, written academic articles, as well as literary and art criticism.

aga mitte seetõttu, et kõigil oleks iseenesest pildistamisele juurdepääs (sellist pilti oskavad vähesed teha), vaid, vastupidi, seetõttu, et pildi tähendusele ei ole juurdepääsu kellelgi, nii et kõik on vaatepildi ees võrdsed. Kui ülesvõtetel on tavapäraselt mingi eesmärk, mingi tahe, mida need peavad valitute huvides ellu viima (siin on parimaks näiteks perekonnafotod), siis sedalaadi maastikupilt on justkui ilma tahteta entiteet, mis ei avalda oma tähendust kellelegi, vaid hoiab selle enesele—oleleb iseeneses.

Sellisena esitab maastikupilt vastukaaluks neoliberaalsele väärtussüsteemile midagi n-ö "puhta kulutuse"[10] laadset, mille saavutamiseks kulutatud ressursside hulk (mille alla me võime lugeda kogu evolutsiooni) ületab ebaproportsionaalselt sellest saadavat kasu (mis läheneb nullile). Klassikalise esteetilise objekti kombel ei avaldu kunstiteose mõju siin mingi väljenduse või liikumise lisandumises pildile, vaid nende taandumises kunstiteosest, radikaalses ükskõiksuses või passiivsuses: nende kahe struktuuri—maastiku ja vaataja—vahelises kauguses, mida pole mõtet nimetada millekski muuks kui esteetiliseks distantsiks. Ja kuigi loodusepilt, *paysage*, kipub oma ajaloolise taagaga meile mõjuma poeetiliselt, on selline tähenduse ökonoomiast väljapoole astumine kahtlemata ka poliitiline žest.

*

Peatusin pikemalt passiivse maastikupildi küsimusel, sest tegelikult iseloomustab suur osa öeldust ka Kuimeti mitmeid muid teoseid. Lõpetuseks tulen tagasi eespool väidetu juurde, et Kuimeti töid ei ole võimalik mõista ilma ettekujutuseta esteetilisest vormist, mis nende tähendust struktureerib, ning panustamine nähtavas esile tulevatele vastuoludele. Tema praktika ei tegele otseselt ühiskondlike sisudega, vaid näitab, kuidas kujutised toimivad—mida ja mis vahendite abil nad teevad ning milliseid tähenduslikke vastasseise võimaldavad. Kuid need vormipüüdlused asetuvad selgelt tänapäevase poliitökonoomia konteksti—valgustavad neid struktuure, milles nii inimesed igapäevaselt kui ka kunst elunevad, suunavad neile meie kõrgendatud tähelepanu. Ja ka teistpidi: Kuimeti praktika rõhutab, et kui me tahame rääkida kunsti kontekstis mõjusalt ühiskonnast, kapitalismist, poliitökonoomiast vms, on meil mõtet seda teha just sellise kunstikontseptsiooni raames, mis arvestab esteetilise vormi olemasolu ja tähtsusega. Sellise nüansitaju ärgitamine ongi õigupoolest Kuimeti "külma" analüütilise fotograafia eesmärk—mis võiks ühtlasi olla üks nüüdisaegseid väljundeid, mida kunst üldse saab pakkuda.

1 Anti Saar, Mul on sinu järele igav. – *Postimees. Kultuur*, 14. V 2023, https://kultuur.postimees.ee/7753375/arvustus-mul-on-sinu-jarele-igav.

2 Ameerika kirjandusteadlane Walter Benn Michaels on sellele suundumusele, mis tõstab esile üksnes tähendust, mille vaataja kunstiteosele omistab, ning teostele, mis sellele tema arvates vastu hakkavad, pühendanud terve raamatu: W. B. Michaels, *The Beauty of a Social Problem. Photography, Autonomy, Economy*, 2015 (eesti keeles: Ühiskondliku probleemi ilu. Fotograafia, autonoomia ja majandus. Tlk Neeme Lopp ja Hanno Soans. Tallinn: Eesti Kunstiakadeemia Kirjastus, 2020).

3 Brecht kommentaaris ingliskeelsele väljaandele: Bertolt Brecht, *Mother Courage and Her Children*. Trans. John Willett, eds. John Willett, Ralph Manheim. New York: Arcade, 1994, 122.

4 Peter Sloterdijk, *In the World Interior of Capital*. Trans. Wieland Hoban. Cambridge; Malden, MA: Polity Press, 2013, 169–170.

5 Teisisõnu, neoliberalismi ülesehitus kui selline juba sisaldab erinevaid "klaaslagesid". Klassikalises naisliikumises tähistati klaaslae kujundiga kõiksugu nähtamatuid ühiskondlikke barjääre, mis tõkestasid naiste edenemist, hiljem on seda laiendatud ka teistele vähemusgruppidele. Kuid neoliberaalses maailmas pole isegi vahet, oled sa mees, naine, gei või mõni muu vähemusgrupi liige, sinu näilisi võimalusi selles maailmas edeneda (= saada rikkaks) piirab alatasa mõni järjekordne barjäär, mille puhul ei ole asi sinu vähestes püüdlustes, vaid neoliberalismi struktuuris.

6 Paul Kuimet: avalikus sfääris on iga kunstiline žest poliitiliselt laetud. Intervjuu Tõnu Karjatsega. – kultuur.err.ee, 26. III 2023, https://kultuur.err.ee/1608925970/paul-kuimet-avalikus-sfaaris-on-iga-kunstiline-zest-poliitiliselt-laetud.

7 Neeme Lopi vestlus Paul Kuimetiga FotoTallinn raames Kai kunstikeskuses, 2. IX 2021.

8 Luminogramm on fotogrammi teisend, mis tekib fototundliku materjali säritamisel valgusega ilma objekte kasutamata.

9 Paul Kuimet *Two Trees (1)* ja *Two Trees (2)* (2023).

10 Georges Bataille pidas oma raamatus "Neetud osa" (*La Part maudite*, 1949) puhtaks kulutuseks igasuguse ökonoomia toimimisel tekkivat (energia) ülejääki, "neetud osa", mis tuleb võimalikult suurejooneliselt ja kaunilt ära kulutada, nt kunstis, aga miks mitte lihtsalt luksuslikult maha laristades, vastasel juhul vallandub ta ikka, aga hirmsamate ja koledamate tagajärgedega.

Neeme Lopp (1980) on Eesti Kunstiakadeemia teadur ja kirjastaja. Ta on koostanud, toimetanud ja tõlkinud raamatuid ning kirjutanud teadusartikleid, kirjandus- ja kunstikriitikat.

Paul Kuimet (1984) is an artist who works with photography, 16 mm film, and installation comprising of these media. Although his work is often described by a technological way of seeing, his practice places emphasis on the movement and presence of the beholder in the exhibition space. Since 2013, his work has been interested in modernist forms. In his latest works he has concentrated not so much on the forms of modernism, but on its materials, such as steel and glass, and their relationship to the development of modern capitalism since the mid-nineteenth century. He received an MA degree from the Estonian Academy of Arts (2014). In 2018, he participated in residency programmes at WIELS Contemporary Art Centre, Brussels, and at the International Studio & Curatorial Program (ISCP) in New York City. Since 2022, Kuimet is the Associate Professor at the Estonian Academy of Arts, Department of Photography.

Paul Kuimet (1984) on kunstnik, kes töötab fotograafia ja 16 mm filmiga ruumi-installatiivses võtmes. Kuigi tema loomingut iseloomustab tehnikale ja tehnilisele vahendatusele omane vaatamisviis asetab ta oma teoste eksponeerimisel näituseruumis rõhku ka vaataja liikumisele ja kohalolule. Alates 2013. aastast on tema loomingus väljendunud huvi modernistlike vormide vastu. Oma hiljutistes teostes on fookusesse tulnud, mitte niivõrd modernistliku arhitektuuri vorm, kuivõrd materjal (teras ja klaas) ning nende seotus modernse kapitalismi arenguga alates 19. sajandi keskpaigast. Kuimet on lõpetanud Eesti Kunstiakadeemia (MA; 2014). 2018. aastal osales ta residentuuri-programmides—WIELSi Kaasaegse Kunsti Keskus, Brüssel ning International Studio & Curatorial Program (ISCP), New York. Alates 2022. aastast töötab Kuimet Eesti Kunstiakadeemia fotograafia osakonna dotsendina.

Paul Kuimet
CRYSTAL GRID

Text / Tekst:
Neeme Lopp

Graphic design / Graafiline disain:
Indrek Sirkel

Colour correction / Värvikorrektuur:
Marje Eelma

Reproductions / Reproduktsioonid:
Stanislav Stepaško

Translation / Tõlge:
Keiu Krikmann (est–eng)

Copy editing / Keeletoimetamine:
Anti Saar (est)
Bryne McLaughlin (eng)

Paper / Paber:
Multi Art Gloss 150g
Munken Polar Rough 120g
Caribic Dark Green 170g

Typefaces / Kirjatüübid:
Century Expanded
Monotype Grotesque

Printed by / Trükikoda:
Tallinn Book Printers
Tallinna Raamatutrükikoda

Supported by / Toetaja:
Cultural Endowment of Estonia
Eesti Kultuurkapital

paulkuimet.ee
lugemik.ee

Published by / Väljaandja:
Lugemik

Photographs accompanying the essay:
Paul Kuimet (unless otherwise stated)

Esseed saatvate fotode autor:
Paul Kuimet (kui ei ole teisiti mainitud)

Thanks to everyone who has contributed to the production of these bodies of work and this book in any shape or form.

Tänud kõigile, kes on panustanud nende teoste ning selle raamatu valmimisse.

ISBN 978-9916-9817-7-1